LUDOLF VON SACHSEN

DAS LEBEN JESU CHRISTI

CHRISTLICHE MEISTER

47

LUDOLF VON SACHSEN

DAS LEBEN JESU CHRISTI

JOHANNES

Ausgewählt und eingeleitet von Susanne Greiner
Aus dem Lateinischen übertragen von
Susanne Greiner und Martha Gisi

2. Auflage 2022

Druck: Pustet, Regensburg
ISBN 978 3 89411 324 7

INHALT

Zweiter Teil

Dritter Teil

Vierter Teil

Die Zahlen in eckigen Klammern am Ende jeden Abschnitts beziehen sich auf die Kapitel und Kapitelabschnitte der lateinischen Ausgabe.

Wenn du aus diesen Betrachtungen Nutzen ziehen willst, lege alle Unruhe und Sorge ab und vergegenwärtige dir, mit der ganzen Hingabe deines Herzens sorgfältig verkostend und in Ruhe verweilend, was der Herr gesagt oder getan hat und was erzählt wird, als hörtest du es mit eigenen Ohren und sähest es mit deinen Augen. Bedenkst du das voll Verlangen und verkostest es noch inniger, so ist es voller Süßigkeit. Betrachte deshalb alle Ereignisse, als geschähen sie in der Gegenwart, selbst wenn viele in der Vergangenheit erzählt werden.

Aus der Einleitung

EINLEITUNG

Die »Vita Jesu Christi« des Ludolf von Sachsen gehört zu den meistgelesenen und beliebtesten Erbauungsbüchern des Spätmittelalters; von der ersten Straßburger Ausgabe (1474), bis zur Pariser Edition von 1870, die der vorliegenden Übersetzung zugrunde liegt, erfuhr sie zahlreiche Übertragungen. Sie gilt als sein Hauptwerk.

Um 1300 geboren, trat Ludolf zunächst in den Dominikanerorden ein und absolvierte dort seine theologischen Studien, bevor er 1340 in die Kartause eintrat und nach Straßburg übersiedelte. Von 1343 bis 1348 war er Prior der Kartause in Koblenz. Anschließend ging er in die Kartause von Mainz und schrieb dort die »Vita Jesu Christi«. Wahrscheinlich vollendete er sie vor 1368. Nach seiner Rückkehr in die Straßburger Kartause starb er 1378 im Ruf der Heiligkeit.[1]

Ludolf bildet die vierteilige »Vita Jesu Christi« aus den Texten der vier Evangelisten. Somit läßt sie sich in die Tradition der Evangelienharmonie einordnen. Wie frühere Zeugnisse dieser Gattung – seit der christlichen Antike wird der Wortlaut der Evangelien poetisch bearbeitet – greift sie auf die Theologie der Väter zurück, an der sich Ludolfs Schriftauslegung maßgeblich orientiert. Immer wieder werden Origenes, Chrysostomus, Ambrosius, Augustinus, Gregor der Große, Hrabanus Maurus, Bernhard von Clairvaux und viele andere zur Deutung, Erschließung und Bekräftigung der Heilsmysterien angeführt. Der ausführliche Titel des Werkes »Vita Jesu Christi ex Evangelio et approbatis ab Ecclesia catholica doctoribus sedule collecta» wird von daher verständlich. Doch weist die »Vita Jesu Christi« auch viele eigenständige Gedanken des Kartäusers selbst auf.

[1] Zu den biographischen Fakten vgl. O. Karrer, Ludolf v. Sachsen, in: LThK 6 (1961), Sp. 1180.

Durch die Verwurzelung seines Denkens in der katholischen Lehre und Frömmigkeit der Patristik und des Mittelalters erklärt sich Ludolfs exegetische Methode, die Schrift gemäß dem vierfachen Schriftsinn auszulegen, wobei der moralische Sinn das meiste Gewicht bekommt. Immer wird eine Antwort zu geben versucht, wie der Mensch sich das betrachtete Heilsereignis zunutze machen und so zu einer Bekehrung in Gesinnung und Tat finden kann. Daß Ludolf diese Umkehr zu Gott hin gerade für die Geistlichkeit seiner Zeit als geboten ansieht, zeigt manch schonungsloser Hinweis auf die herrschenden klerikalen Gepflogenheiten.

Wahrscheinlich wäre Ludolfs fromme Schriftbetrachtung in ihrer einfachen Sprache und ihren naiven, für den heutigen Leser oft befremdlichen Überlegungen längst in Vergessenheit geraten, wenn nicht Ignatius von Loyola auf dem Krankenlager nach der Verwundung bei Pamplona neben einer Sammlung von Heiligenleben eine spanische Übersetzung der »Vita Jesu Christi« in die Hände gefallen wäre;[2] *»in diesen Büchern«, so heißt es im Bericht des Pilgers, »las er oftmals; und in etwa begeisterte er sich für das, was er da geschrieben fand«.*[3] *Zwar, so heißt es im Bericht weiter, nahmen den Verwundeten auch weltliche Gedanken gefangen, mit dem Unterschied allerdings, daß er, »wenn er dann, müde geworden, davon abließ, sich wie ausgetrocknet und mißgestimmt«*[4] *fühlte. Dagegen erweckte die Lektüre der geistlichen Bücher Trost und ließ in ihm den Wunsch reifen, Buße für sein vergangenes Leben zu tun und sich ganz in den Dienst des Herrn zu stellen.*[5] *Sobald es seine Genesung zuließ, begann er, wichtige Stellen aus der »Vita Jesu Christi« und dem Heiligenleben abzuschreiben, »und zwar*

[2] Vgl. Ignatius von Loyola, Der Bericht des Pilgers, übersetzt und erläutert von B. Schneider, Freiburg [7]1991, Nr. 5.

[3] Ebd., Nr. 6. [4] Nr. 8. [5] Vgl. Nr. 9; 11.

schrieb er die Worte Christi mit roter Tinte und die Unserer Lieben Frau mit blauer«[6]. *Die Tatsache, daß er, von seiner Wallfahrt nach Jerusalem zurückgekehrt, daran dachte, in die Kartause von Sevilla einzutreten, zeigt, wie sehr ihn das Werk des Kartäusers Ludolf von Sachsen beeindruckt hatte.*[7]

Die Forschung der letzten Jahre hat nun nicht nur »eine gewisse literarische Abhängigkeit« der Exerzitien des heiligen Ignatius vom »Leben Jesu Christi« aufgedeckt[8], *sondern darauf hingewiesen, daß besonders das Vorwort des Kartäusers zu seiner Vita »auffallend viele Ähnlichkeiten mit den Exerzitien (hat) in der theologischen Sicht des Heilsgeschehens, in der Empfehlung, wie die Heilsereignisse zu aktualisieren sind, und in der Methode der Übungen, die persönliche Betroffenheit auslösen und zur Umkehr führen sollen«.*[9] *Gleichzeitig werden zu Recht die formalen Unterschiede dieser beiden Werke hervorgehoben:*[10] *Während Ludolf, wie gesagt, den biblischen Text kommentiert und poetisiert, um den Menschen durch Erwägung »zum Berg der himmlischen Herrlichkeit« (Dritter Teil III,5) zu führen, sind gerade »Die Geheimnisse des Lebens Christi unseres Herrn« der Exerzitien,*[11] *die Ignatius auswählt, um das Leben des ewigen Königs als Vorbild für den Menschen darzustellen, damit er dem Herrn*

[6] Nr. 11; diese Handschrift wurde bis heute nicht gefunden.

[7] Vgl. Nr. 12. W. Baier, Untersuchungen zu den Passionsbetrachtungen in der Vita Christi des Ludolf von Sachsen. Ein quellenkritischer Beitrag zu dessen Leben und Werk und zur Geschichte der Passionstheologie. 3 Bände (Analecta Cartusiana, 44), Salzburg 1977, S. 173f., zeigt auf, wie Ignatius zeit seines Lebens den Kartäusern verbunden blieb.

[8] So A. Falkner, Was las Iñigo de Loyola auf seinem Krankenlager? Zum Prooemium der »Vita Jesu Christi«, in: Geist und Leben 61 (4/1988), S. 260.

[9] Ebd., S. 261.

[10] W. Baier, Untersuchungen, a.a.O., S. 176; A. Falkner, Was las Iñigo, a.a.O., S. 264.

[11] Ignatius von Loyola, Die Exerzitien, übertragen von H.U. von Balthasar, Freiburg [11]1993, Nr. 261-312.

»besser zu dienen und nachzufolgen«[12] *vermöge, eine sehr dichte Paraphrase einzelner Perikopen des Evangeliums. Sie werden als Methode, den Menschen auf sein Ziel hin zu führen, nutzbar gemacht, oder, um es mit den Worten H. Rahners zu sagen: »Die aus Ludolf geschöpfte und mit roter Tinte ins erste geistliche Buch eingetragene rührende Leben-Jesu-Betrachtung wendet sich nun zu den ›Mysterien des Lebens Jesu‹, die sich in unerbittlicher Logik aufbauen zum Ziel der Wahl hin.«*[13]

Wir gehen mit A. Falkner davon aus, daß »Die Geheimnisse des Lebens Christi unseres Herrn« im Exerzitienbuch »einen sehr hohen Stellenwert einnehmen«.[14] *Deshalb haben diese die vorliegende Kapitelauswahl aus Ludolfs umfangreicher »Vita Jesu Christi« bestimmt. Ausgehend von den einzelnen Punkten, die Ignatius zu jedem Geheimnis gibt, wollen die hier ausgewählten Texte helfen, seinen Rat zu befolgen, den er »für die zweite Woche und die folgenden« gibt, »zuweilen in den Büchern der Nachfolge Christi oder in den Evangelien und den Leben der Heiligen zu lesen«.*[15] *Der moralische Schriftsinn der Vätertradition lebt in dem oft wiederholten Hinweis weiter, »Nutzen aus der Betrachtung zu ziehen«.*[16] *Die Transposition der Heilsereignisse in die Gegenwart,*[17] *die Ludolf durch exakte Beschreibungen der Örtlichkeiten mit reichem Lokalkolorit erreicht, läßt*

[12] Ebd. Nr. 130.

[13] H. Rahner, Ignatius von Loyola und das geschichtliche Werden seiner Frömmigkeit, Graz, Salzburg, Wien ^{2}1949, S. 59.

[14] A. Falkner, Was las Iñigo, a.a.O., S. 259.

[15] Ignatius, Exerzitien, a.a.O., Nr. 100.

[16] Ebd. Nr. 107; 108; 114; 116 u.a.

[17] Vgl. R. Schwager, Ignatius und seine Exerzitien im Wandel der Kirche. Pastoraltheologische Studie, Zürich, Einsiedeln, Köln 1970, S. 73. – Die Vergegenwärtigung der Heilsgeheimnisse vollzieht Ludolf sprachlich in der Weise, daß er den biblischen Bericht bisweilen präsentisch wiedergibt; in der Übersetzung wurde in den erzählenden Passagen der Evangelien darauf verzichtet.

sich in der »Zurichtung des Schauplatzes«[18] *wiederfinden, die für das Vorbereitungsgebet der Betrachtung eine herausragende Bedeutung hat.*

Die vorliegende Auswahl will das ursprüngliche Anliegen des Verfassers aufgreifen und nun auch in der deutschen Übersetzung helfen, im Gespräch mit Jesus Christus Ihm nachzufolgen.[19]

[18] A.a.O., Nr. 47.

[19] Unsere Auswahl bezieht sich auf das Exerzitienbuch Nr. 261-312. – Vgl. Prooem. 1-12. Zum Einfluß der Ludolfschen »Vita Jesu Christi« auf das Rosenkranzgebet vgl. R. Scherschel, Der Rosenkranz und das Jesusgebet des Westens, Freiburg 1979, S. 112-116.

ERSTER TEIL

1. DIE EMPFÄNGNIS UNSERES ERLÖSERS

DER ERZENGEL GABRIEL WIRD ZUR JUNGFRAU MARIA GESANDT. – *Im sechsten Monat* nach der Empfängnis des Vorläufers, da die Fülle jener hochheiligen und glückseligen Zeit gekommen war, der Beginn des sechsten Zeitalters, welches die höchste Trinitität vor aller Zeit dazu bestimmt hatte, durch die Inkarnation des Wortes dem Menschengeschlecht das Heil zu bringen, rief der allmächtige Gott den Erzengel Gabriel, einen der Fürsten seines Reiches, schickte ihn *in eine Stadt in Galiläa* namens Nazaret, *zu einer Jungfrau* Maria, *die mit* Josef, *einem Mann* ihres Stammes *verlobt war* (Lk 1,26f.), denn beide waren aus dem Hause Davids. Die Jungfrau war aus königlicher Familie, edlem Stamm und von vornehmer Herkunft; sie übertraf, wie Bernhard sagt, alle anderen Menschen an Gottesfurcht. Gott gefiel es, den Menschen in der gleichen Reihenfolge und auf gleiche Weise mit sich zu versöhnen, wie er ihn hatte fallen sehen. Gefallen war der Mensch – nach Beda – durch den Beschluß des Teufels, unter Mitwirkung der Schlange, nach dem Zwiegespräch mit der Frau und nach ihrer Zustimmung. Wiederhergestellt wurde er in derselben, aber entgegengesetzten Ordnung: durch den Ratschluß Gottes, unter Mitwirkung des Engels, durch das Zwiegespräch mit der Jungfrau und nach ihrer Zustimmung. Diese Worte sind voller Geheimnisse und sollen deshalb, wie Beda sagt, feierlich aufgezeichnet und um so achtsamer im Herzen verankert werden, je deutlicher erscheint, daß in ihnen der Inbegriff der Erlösung besteht. Gerne sollen wir uns also an die Anfänge unseres Heils erinnern lassen. ... [V,1]

In welcher Weise ist Maria voll der Gnade? – Und so *trat der Engel,* als sinnenhaft wahrnehmbare Erscheinung und in menschlicher Gestalt bei der Jungfrau *ein,* die in der Kammer ihres kleinen Hauses weilte, und sagte: *Gegrüßt seist du, voll der Gnade, der Herr ist mit dir, gesegnet bist du mehr als alle anderen Frauen* (Lk 1,28.42). Indem der Engel in menschlicher Gestalt erschien, lehrte er gleichsam durch ein Beispiel, da er die Menschwerdung Gottes unter Mitwirkung des Geistes verkündete. Denn er verkündete jenen, der, selbst unsichtbar, einen sichtbaren Leib aus der Jungfrau annehmen wollte, also mußte er in sichtbarer Gestalt erscheinen. Der Engel bildete sich einen leuchtenden Leib, denn nach Augustinus erschien er mit rötlich schimmerndem Antlitz und blitzendem Gewand vor der Jungfrau. In wahrhaft angemessener Weise wurde der Jungfrau die Menschwerdung des Wortes verkündet, damit sie es zuerst im Geist und dann im Fleisch empfange. Der Engel *verändert den Namen Eva,* indem er die Jungfrau mit *Ave* anspricht und so anzeigt, daß sie von allem Makel frei ist. Sie wird *voll der Gnade* genannt, weil anderen die Gnade nur in einem bestimmten Maß verliehen wird. Ihr allein wurde die von keiner anderen verdiente Gnade zuteil, vom Urheber aller Gnaden mit Gnade erfüllt zu werden. Wer kann ermessen, was für ein Übermaß an göttlicher Gnade ihr erst nach der Empfängnis eignet, da sie schon vor der Empfängnis voll der Gnade ist? Dazu schreibt Hieronymus: »Maria ist wirklich voll der Gnade, denn anderen wird die Gnade nur teilhaft gewährt, in sie aber ergoß sich die ganze Fülle der Gnade.« Wahrlich, sie ist *voll der Gnade,* wie reichlich auch alle Kreatur durch die Ausgießung des Heiligen Geistes davon überströmt wird. Die Gnade ist es, die dem Himmel Herrlichkeit und der Erde Gott schenkte, die den Menschen wieder den Frieden und den Völkern den Glauben brachte, die dem Laster ein Ende setzte und dem Leben wieder Ordnung, den Sitten Zucht verlieh. [V,8]

DER NAME JESU WIRD GEDEUTET. – *Du hast Gnade gefunden*, sage ich, du, die du den Urheber aller Gnade in dich aufnehmen wirst, denn *du wirst ein Kind empfangen* ohne Sünde und Makel, *einen Sohn wirst du* ohne Schmerz und Traurigkeit *gebären* und in der Geburt und in der Empfängnis doch Jungfrau bleiben. Und treffend heißt es: *Du wirst ein Kind* in deinem Schoß *empfangen,* denn sie hatte ihn schon mit Glauben und Hingabe in ihr Herz aufgenommen. Auf diese Weise, nämlich durch Glauben und Hingabe, müssen auch wir ihn empfangen und durch heiliges Handeln gebären. Und *ihn sollst du Jesus heißen* (Lk 1,31), das heißt Erlöser. Der Engel sagt nicht, du sollst ihm den Namen geben, denn dieser Name war ihm von Ewigkeit her von Gott dem Vater bestimmt, vom Engel Maria und Josef mitgeteilt worden, von diesen aber den anderen. Dieser Name aber wurde ihm auf seine künftige Eigenschaft hin gegeben, weil das Heil des Menschengeschlechts durch Jesus kommen sollte, der auch als *Heil* gedeutet wird. ... [V,12].

AM BEISPIEL ELISABETS WIRD DARGELEGT, DASS FÜR GOTT NICHTS UNMÖGLICH IST. – Und damit die Jungfrau an der Geburt in keiner Weise zweifle und ihr Glaube durch ein Beispiel gestärkt und gekräftigt werde, erwähnte der Engel die kinderlose alte Frau und ihre Niederkunft. Er verkündete der Jungfrau die unerwartete Fruchtbarkeit der alten, unfruchtbaren

Frau, um zu beweisen, daß alles Schickliche, das der gewohnten Ordnung der Natur zuwider scheint, für Gott möglich ist. Es sollte nicht bezweifelt werden, daß jener, der einer Unfruchtbaren übernatürliche Empfängnis schenkte, auch der Jungfrau dasselbe schenken werde. Damit sie also leichter glaube, sagte er: *Auch Elisabet, deine Verwandte* hat (Lk 1,36), obgleich sie alt und infolge ihrer seit langem erwiesenen Unfruchtbarkeit kinderlos war, schon vor sechs Monaten durch die Kraft Gottes einen Sohn empfangen. Weil aber dieses Beispiel kein ganz vollkommenes ist, denn daß die Jungfrau empfängt, bedeutet mehr, als daß die Unfruchtbare fruchtbar wird, führt der Engel als Wirkgrund die Allmacht Gottes an: *Denn für Gott ist nichts unmöglich* (Lk 1,37), das heißt, alles, was er verspricht, kann er auch halten: entweder durch ein in seinem Wort verheißenes, wie auch immer beschaffenes Werk oder eine in seinem Plan vorgesehene Tat. Denn gemäß dem Psalmwort: *Der Herr sprach, und sogleich geschah es* (Ps 33,9), heißt sprechen für Gott tun. Das enthält keinen Widerspruch, für Gott ist alles möglich, also wird die Jungfrau gebären... Zudem wird der Jungfrau, nach Bernhard, die Empfängnis Elisabets verkündet, damit sie, da dem Wunder ein zweites hinzugefügt wird, mit Freude überschüttet werde. Da sich Elisabet verborgen hatte, sich aber nun nicht mehr verbergen konnte, mußte die Jungfrau vor den anderen davon erfahren, damit sie über die Geschichte des Vorläufers ebenso Bescheid wisse wie über die des Erlösers, denn sie mußte die Evangelisten unterrichten. ... [V,20]

Der Gehorsam und die Demut Marias. – Endlich, nachdem sie die Worte des Engels vernommen hatte, gab die Jungfrau voll Einsicht ihre Zustimmung und beugte, wie berichtet wird, in tiefer Ehrfurcht die Knie; mit erhobenen, dann gefalteten Händen, die Augen zum Himmel gerichtet, sprach sie in unvergleichlicher Demut das höchst ersehnte Wort, das mit ganzer Hingabe des Herzens gehört werden muß: *Ich bin die Magd des Herrn; mir geschehe, wie du gesagt hast* (Lk 1,38). Seht den sofortigen Gehorsam, die ergebene Bereitwilligkeit, den Glauben, die Zustimmung. Ich bin *die Magd*, spricht sie, die Magd *des Herrn,* nicht mir gehöre ich, sondern ihm. *Mir geschehe, wie du gesagt hast,* das heißt entsprechend dem, was du mir verkündet hast. Zur Mutter des Herrn erwählt, bleibt sie ihrer Stellung und ihrer göttlichen Würde bei allem eingedenk, bezeichnet sich aber als Magd, die in großer Ergebenheit die Verheißung des Engels zu erfüllen wünscht. Augustinus ruft aus: »O seliger Gehorsam, o unvergleichliche Gnade! Da sie in Demut vertraute, bereitete sie in sich den Schöpfer des Himmels.« Und Anselm stimmt ein: »O von Gott aufgenommener Glaube! O Gott wohlgefällige Demut! O Gehorsam, der Gott mehr erfreut als jedes Opfer! O erhabene Jungfrau, Mutter Gottes! O Mutter, demütige Magd Gottes! Was könnte es Erhabeneres geben? Was könnte man Demütigeres hören?« Und auch Ambrosius sagt: »Siehe die Demut und die Ergebenheit; sie, die zur Mutter erwählt wird, nennt sich Magd des Herrn. Und indem sie sich angesichts der erhabenen Verheißung der Erlösung Magd nannte, nahm sie, um das ihr Gebotene zu vollbringen, in keiner Weise das Vorrecht solcher Gnaden für sich in Anspruch. Sie, die den Sanften und Demütigen gebären sollte, mußte auch selber Demut zeigen.« ... [V,22]

MARIA BESUCHT ELISABET. – Als Maria danach die Worte des Engels über ihre Base Elisabet bedachte, entschloß sie sich, diese zu besuchen, um ihr Glück zu wünschen und ihr zu dienen. Jesus, den sie schon empfangen hatte, drängte nämlich, Johannes bereits im Schoß seiner Mutter zu heiligen. ... [VI,1]

WARUM GRÜSSTE SIE ALS ERSTE? – Betrachte nun, wie die Königin des Himmels und der Erde diesen langen und beschwerlichen Weg nicht zu Pferd, sondern zu Fuß mit einigen ihrer Gefährtinnen zurücklegte. Von Nazaret bis Jerusalem sind es nämlich vierunddreißig und von da bis zur Stadt des Zacharias nochmals etwa vier Meilen, von denen zwei eine gallische Meile bilden. Heilige Scheu, Demut und Armut, die Würde aller Tugenden begleiten Maria. Der Herr der Tugenden selbst ist mit ihr; sie hat ein großes und ehrwürdiges Gefolge, nicht das eitle und prunkhafte dieser Welt. Sie fühlte sich durch den Sohn, den sie trug, nicht beschwert, so daß sie gemeinsam mit den anderen Frauen ihr Ziel erreichte; denn Jesus Christus war für seine Mutter keine Last. O wie glücklich wäre einer gewesen, der Maria auf jenem Weg begegnet wäre und die Stimme ihres Grußes vernommen hätte! *Und Maria ging in das Haus des Zacharias und* ihrer Verwandten *Elisabet* (Lk 1,40); sie betrat das fromme Haus und bezeugte ihre Demut und Milde. *Sie begrüßte Elisabet* als erste, das heißt, sie wünschte ihr Wohlergehen und beglückwünschte sie zu der Gabe, von deren Empfang sie gehört hatte. Aus zwei Gründen entbot ihr die Jungfrau als erste den Gruß: aus Demut, die bei ihr tiefer war, und aufgrund ihrer frommen Gesinnung, die bei ihr größer war. Der erste Grund entsprach der Gepflogenheit jener Gegenden, wo die Jüngeren als Erweis ihrer Ehrerbietung die Älteren zuerst begrüßten, der zweite dagegen der Sitte jener Gegenden, wo der Gruß zum Zeichen, daß aller Segen von oben kommt, von den Höhergestellten entboten wird. [VI,2]

JOHANNES, VOM HEILIGEN GEIST ERFÜLLT, HÜPFT IM MUTTERLEIB. – Sobald die Jungfrau *Elisabet begrüßte* (Lk 1,40), wurde Johannes, nach der Verheißung des Engels, in ihrem Schoß vom Heiligen Geist erfüllt. Weil er die Gegenwart Gottes fühlte, frohlockte er freudig, hüpfte tanzend im Mutterleib und bewegte sich wie jemand, der aufspringt, um mit beschwingtem Geist und Leib jenen zu begrüßen, den er mit Sprache und Stimme nicht grüßen konnte. Er wurde im Mutterleib bewegt, als grüßte er gleichsam seinen Herrn und erhöbe sich vor ihm, als wolle er heraustreten und ihm entgegenlaufen. Und damals machte Jesus seinen Vorläufer bereits zum Propheten, der im Mutterleib aufspringend seine Ankunft verkündete und damit das Amt des Vorläufers antrat, als riefe er gleichsam schon im Mutterleib aus: *Seht, das Lamm Gottes, das die Sünde der Welt hinwegnimmt* (Joh 1,29). ... [VI,4]

GESEGNET IST MARIA UND GESEGNET IST IHRE FRUCHT. – Elisabet sprach: *Gesegnet bist du unter den Frauen* (Lk 1,42), das heißt, mehr als alle anderen Frauen, und unter allen gesegneten Frauen ist dir höchster Segen zuteil geworden. Keine Frau hat jemals so große Gnade empfangen, noch wird jemals eine so große Gnade empfangen können. Du bist *gesegnet* und du wirst mit noch mehr Segen überhäuft werden. *Und gesegnet* sei *die Frucht deines Leibes*, Jesus, durch den der Segen anderen zukommt. Als Mensch ist er mit allen Gnaden *gesegnet*, weil er mit allen Charismen begabt ist. *Gesegnet* ist er auch mit Herrlichkeit, weil er als Gott von Ewigkeit und in Ewigkeit ist. Nicht weil du, Maria, gesegnet bist, ist die Frucht deines Leibes gesegnet, sondern weil jener dir mit wunderbaren Segnungen zuvorkommt, deshalb bist auch du gesegnet. Gesegnet der Baum und auch die Frucht des Baumes! Gesegnet der Sproß aus der Wurzel Jesse und die Blüte, die aus solcher Wurzel emporwächst! Gesegnet sei eine solche Mutter und ein solcher Sohn! Gepriesen wird Maria vom Engel auch, weil sie den Fall der triumphierenden Kirche wieder gutgemacht hat. Hier aber wird sie von Elisabet gepriesen, weil sie die streitende Kirche, die fast schon tot war, wieder zum Leben erweckt hat. Dazu erklärt Beda: »Mit demselben Anruf wird Maria von Gabriel wie von Elisabet gepriesen, damit gezeigt werde, daß sie für die Engel wie für die Menschen verehrungswürdig ist.« Von der glückseligen Jungfrau können also fünf Früchte gewonnen werden: Als erste die Frucht ihres Schoßes, nämlich die Geburt, durch die wir an der Frucht des Lebens Anteil haben; als zweite die Frucht ihres Herzens, das Mitleid, das sie mit den Betrübten und Sündern hat; als dritte die Frucht ihres Mundes, ihr Gebet; als vierte die Frucht ihres Tuns, das ist ihr Schutz, und als fünfte die Frucht ihres Namens, nämlich die Andacht, die dem Lobpreis ihres Namens entspringt – und das selbst bei Verbrechern –, so daß sie von allen Menschen in allen Gefahren angerufen werden soll. [VI,5]

Marias Lobgesang. – Nachdem sie die Antwort Elisabets vernommen hatte, die sie die Mutter ihres Herrn nannte, sie glücklich pries und ihren starken Glauben lobte, da weissagte Maria; denn nicht länger konnte sie die Gaben verschweigen, die sie empfangen und in jungfräulicher Scheu und Demut in den Mantel des Schweigens gehüllt hatte, sie jetzt aber zur geeigneten Zeit offenbarte. So voll überschwenglicher Freude stimmte sie den Lobgesang an, den Gott ihr eingab: *Meine Seele preist die Größe des Herrn* (Lk 1,46) usf., der sie mit Frohsinn und Freude erfüllte. Die Hebräer waren es nämlich gewohnt, bei einem besonderen Anlaß Lieder zu dichten und so den Herrn zu preisen, wenn Gott an ihnen Großtaten wirkte. Mehr als alle hatte die Jungfrau Grund, Gott zu loben. Gewiß hat die Glückselige das Geheimnis, das ihr offenbart worden war, und die Größe, die ihr deshalb zukam, aus Demut nicht gleich enthüllt, sondern solange verborgen gehalten, bis es von Elisabet enthüllt wurde. Denn Maria wußte, daß Elisabet das Geheimnis durch das Wirken des Heiligen Geistes erfahren hatte, und erkannte darin den Willen des Herrn, daß es endlich bekannt werde, und so enthüllte sie es selbst, indem sie Gottes Größe pries und seine Werke rühmte und kundtat. Sie wollte nicht seine Größe mehren,[1] denn er kann ja in sich nicht größer werden, kann weder abnehmen noch zunehmen; Maria wollte vielmehr sagen: O Elisabet, du nennst mich groß um der Vorzüge willen, die du an mir siehst; aber meine Seele schreibt alles dem Herrn und Schöpfer zu, nämlich Gott dem Vater, aus dem alles ist. Sie lobpries ihn in

[1] Das Wortspiel mit »magnificare« (groß machen – hochpreisen), das Ludolf hier braucht, läßt sich im Deutschen nicht wiedergeben.

diesem *Magnificat* und verkündete seine Größe, lobte ihn nicht bloß mit der Zunge. [VI,8]

Wie lange blieb Maria bei Elisabet? – *Maria blieb etwa drei Monate bei ihr* (Lk 1,56), denn sie war gekommen, um Elisabet zu helfen und ihr zu gehorchen. Sie wartete ihr auf und diente ihr demütig, ehrerbietig und bescheiden in allem, was ihr zu Gebote stand. Dabei vergaß sie gleichsam, daß sie die Mutter Gottes und die Königin der ganzen Welt war, weil sie in allem das rechte Maß der Demut wahrte. In diesem beeinträchtigte weder die Kontemplation die Aktion, noch geschah die Aktion auf Kosten der Kontemplation. ... [VI,12]

3. Die Geburt unseres Erlösers

Maria und Josef reisen nach Betlehem im Lande Juda. – *Da ging jeder, um sich eintragen zu lassen, in seine Stadt* (Lk 2,3), aus der er stammte. Als das Ende der neun Monate naherückte, *zog auch Josef mit Maria, seiner Verlobten, die ein Kind erwartete, hinauf von der Stadt Nazaret in Galiläa,* wo er wohnte, *in die Stadt Davids, die Betlehem heißt* (Lk 2,4f.). Denn dort war David geboren und zum König gesalbt worden, aus dessen Hause, das heißt aus dessen Stamm und Familie Josef und auch Maria waren. Dort, wo ihr Geschlecht und ihre Familie beheimatet waren, mußten sie sich, wie alle anderen auch, eintragen lassen. Bedenke hier, daß der Herr sich deinetwegen bei einer Volkszählung auf Erden einschrieben ließ, damit auch dein Name im Himmel eingeschrieben sei. Er gab damit ein Beispiel vollkommener Demut, wie sie der Erlöser von Geburt an übte und bis zu seinem Tod bewahrte, in *den hinein er sich erniedrigte und gehorsam war bis zum Kreuz* (Phil 2,8). ... [IX,3]

DIE BESCHWERDEN DIESER REISE. – Erwäge auch, daß die selige Jungfrau Maria, obgleich sie den König des Himmels und der Erde schon empfangen hatte, dennoch mit ihrem Verlobten Josef der kaiserlichen Anordnung gehorchen wollte, um mit dem Sohn sagen zu können: *Um so alle Gerechtigkeit zu erfüllen* (Mt 3,15), und daß sie uns so ein Beispiel gab, wie man aller Obrigkeit gehorchen soll. Die lange Reise war anstrengend für die Herrin. Denn von Nazaret nach Jerusalem sind es fünfunddreißig Meilen; Betlehem, auch Efrata genannt, liegt in der Mulde des Berges im Süden von Jerusalem, etwa fünf Meilen von der Stadt entfernt. Daraus läßt sich schließen, daß die Jungfrau, obwohl sie gesegneten Leibes war und die Geburt nahe bevorstand, dennoch dem Leibe nach unbeschwert war, denn sie zog ja von Provinz zu Provinz. Augustinus schreibt, die Jungfrau erfreute sich trotz der Leibesfrucht, die sie trug, einer gesunden Unbeschwertheit. Das Licht in ihr konnte ja kein Gewicht haben. ... [IX,4]

AUF WELCHE WEISE IST CHRISTUS DER ERST- UND EINZIGGEBORENE? – Als die Stunde der Geburt gekommen war, zur Mitternacht des Sonntags, *als die Nacht bis zur Mitte gelangt war* (Weish 18,14), nämlich an dem Tag, von dem es heißt: *Es werde Licht. Und es wurde Licht* (Gen 1,3), hat der Herr, *das aufstrahlende Licht aus der Höhe uns besucht* (Lk 1,78), das heißt, *da gebar* die Jungfrau *ihren Sohn, den Erstgeborenen* (Lk 2,7). Als Erstgeborener wird er hier nicht bezeichnet in bezug auf eine Reihenfolge, sondern auf das Fehlen eines Vorausgehenden, denn vor ihm gab es niemanden. Wie Beda sagt, heißt erstgeboren nicht, daß ein anderer ihm folgte, sondern daß keiner vor ihm war. Und derselbe meint, daß jeder Einziggeborene ein Erstgeborener ist, und so auch jeder Erstgeborene ein Einziggeborener. Und weil der Sohn Gottes in der Zeit und dem Fleische nach aus einer Mutter geboren werden wollte, damit er durch die Wiedergeburt aus dem Geiste viele Brüder gewinne, ist gesagt worden, es sei treffender, ihn den Erstgeborenen zu nennen als den Einziggeborenen. Das eben meint Beda: Christus ist einziggeboren im Wesen seiner Gottheit, erstgeboren aber in der Annahme seiner Menschheit. – In der Nacht wurde er geboren, weil er im Verborgenen kam, um auch die in der Nacht des Irrtums Befangenen zum Licht der Wahrheit zurückzuführen. Als der Sohn geboren war, betete ihn die Mutter sogleich als Gott an, *wickelte* ihn selbst aber *in Lumpen* (Lk 2,7), also in zerfetzte, alte Stoffe. Daher werden die Armen Lumpengesindel genannt, da sie in alte, grob zusammen-genähte Lumpen gehüllt sind. Maria *legte* und bettete *ihren Sohn* nicht in eine goldene Wiege, sondern *in eine Krippe,* zwischen die beiden geweissagten Tiere, den Ochsen und den Esel, *weil in der Herberge kein Platz für sie war.* Siehe, die große Armut und Bedürftigkeit Christi, dem weder ein Haus für seine Geburt zur Verfügung stand, noch in der öffentlichen Herberge ein entsprechender anständiger Ort, so daß er, weil sich kein Platz fand, in eine Krippe gelegt werden mußte. Damit wird das Wort bestätigt: *Die Füchse haben ihre Höhlen und die Vögel ihre Nester: der Menschensohn aber hat keinen Ort, wo er sein Haupt hinlegen kann* (Lk 9,58). Und mache dir klar, daß jene Herberge und der Stall so voller Tiere und anderem war, daß äußerst wenig Platz zwischen den schwerfälligen Tieren blieb. Daher konnte der Psalmist sagen: *Ich war wie ein Stück Vieh vor dir. Ich aber bleibe immer bei dir* (Ps 73,22f.) Zunächst ruhte der Herr im Schoß der Jungfrau, alsdann in einer geringen Krippe, darauf am Marterholz des Kreuzes und schließlich in einem Grab, einem fremden sogar. Siehe, wie viele ungemäße und armselige Lagerstätten! [IX,7]

DER HIMMLISCHE GABRIEL WIRD ZU DEN HIRTEN GESANDT. – *In jener Gegend lagerten Hirten auf freiem Feld und hielten Nachtwache bei ihrer Herde* (Lk 2,8). ... Um die vierte Nachtwache – die Nacht wird nämlich in vier Nachtwachen geteilt[2] – *da trat der Engel des Herrn zu ihnen* in leuchtendem Gewand und mit einem wie Gold schimmernden, freudigen Antlitz. Man nimmt an, daß es Gabriel war, welcher der Jungfrau die Empfängnis des Wortes verkündet hatte. Daher freute er sich mehr als die anderen über die Erfüllung seiner Worte; mehr als die anderen beeilte er sich, die Geburt Christi zu verkünden. *Und der Glanz des Herrn umstrahlte sie* (Lk 2,9) von allen Seiten, dem Leibe nach und auch innerlich im Geist zum Zeichen, daß die Sonne der Gerechtigkeit aufgegangen und den Rechtschaffenen das Licht in der Finsternis aufgestrahlt war und die Klarheit der Herrlichkeit sich ihnen genaht hatte. Der Engel brachte nämlich, was er zu verkünden gekommen war, das wahre Licht, das alle Menschen erleuchtet. [IX,11]

DER ENGEL SPRICHT SIE AN. – ... *Und die Hirten fürchteten sich sehr* wegen der ungewohnten Erscheinung des

[2] Vgl. S. 108.

Engels und der plötzlichen Helle. Doch der Engel beruhigte sie und sprach: *Fürchtet euch nicht.* Dies begründete er mit den folgenden Worten: *Denn ich verkünde euch* Gutes, nämlich *eine große Freude, die dem ganzen Volk zuteil werden wird* (Lk 2,9f.), der Kirche aus allen Völkern, die Juden und Heiden umfassen soll. Denn *heute ist euch,* nämlich zu eurem, der Menschen Heil, *der Retter geboren; heute,* an diesem irdischen Tag, zu dem die vorausgehende Nacht gezählt wird. Weil also der Tag mit der vorausgehenden Nacht begann, sagte er lieber *heute* als in dieser Nacht, denn er war gekommen, Freude zu verkünden, und jene Nacht war ja von der göttlicher Klarheit erleuchtet so hell wie der Tag. *Geboren wurde euch,* sage ich, *der Retter,* der Liebhaber und Spender des Heils; der hinsichtlich seiner Menschheit *der Christus ist* und hinsichtlich seiner Gottheit *der Herr. Geboren ist er in der Stadt Davids* (Lk 2,11), die Betlehem heißt, aus der David hervorging. ... [IX,12]

Der Chor der himmlischen Heerscharen. – Während die Hirten über alles staunten, was sie gesehen und gehört hatten, *da war plötzlich bei dem Engel,* der als Anführer die Geburt Christi verkündet hatte – damit die Glaubwürdigkeit eines einzelnen Engels und Zeugen nicht zu gering erschiene und zum Beweis und in Übereinstimmung mit seinem Zeugnis, – *ein großes himmlisches Heer* (Lk 2,13), das heißt ein Heer von Engeln, die Heerscharen genannt werden, weil sie zum Heil der Menschen mit den Dämonen kämpfen. Da der König des Himmels geboren wurde, wird die Schar der Engel mit einem Begriff aus dem Kriegsdienst bezeichnet; weil aber ihr Herr zum Kampfe geboren wurde, nennt man sie – nach einem anderen

Schriftsinn – Heer. Einstimmig *lobten sie Gott*, denn sie wußten, daß durch Christi Geburt die Menschen zum Heil geführt werden und der Fall der Engel wieder gutgemacht wird. Zur Ehre Gottes lobten sie ihn *und sprachen: Verherrlicht ist Gott in der Höhe,* das heißt im Himmel, weil seine Herrlichkeit überall erstrahlt, am meisten jedoch im empyreischen Himmel, der Wohnstätte der Engel und Heiligen, womit gesagt werden soll, daß seine Herrlichkeit auf Erden von vielen verschmäht, im Himmel aber von allen gerühmt wird. *Und Friede auf Erden den Menschen,* nicht irgendwelchen, sondern jenen, *die guten Willens sind* (Lk 2,14), jenen also, die den menschgewordenen Christus guten Willens aufnehmen und nicht verfolgen. *Fern bleibt* nämlich *den Frevlern das Heil* (Ps 119,155), *alle* aber, *die die Weisung* des Herrn *lieben, empfangen das Heil in Fülle* (Ps 119,165). Denn nach der Überzeugung des Papstes Leo heißt wahrer Friede für den Christen, nicht von Gottes Willen getrennt sein und nur an göttlichen Dingen Gefallen finden. Mit Gott Frieden zu haben, heißt wollen, was er befiehlt, und nicht wollen, was er verbietet. Der Friede wird folglich den Menschen guten Willens, also den guten Menschen verkündet. Für die Güte seines Willens wird der Mensch gut genannt, und nicht so sehr für die Güte der anderen Seelenkräfte, weil der Wille die anderen Kräfte zu ihrem Tun antreibt und seine Güte oder Bosheit sich deshalb allen anderen Kräften so mitteilt, wie der Beweggrund alle von ihm in Bewegung gesetzten Dinge beeinflußt. Böse Menschen haben keinen Frieden, weil *den Frevlern das Heil fernbleibt.* Durch das Wort des Engels wurde auch offenbar, daß der Friede, den vor allem die Propheten für die Ankunft Christi geweissagt hatten, der innere Friede des guten Willens war. So heißt es im Buch der Sprüche: *Der Gerechte freut sich, wenn Recht geschieht* (Spr 21,15). Der zeitliche Friede, der bei der Ankunft Christi herrschte, als alle Völker unter römischer Herrschaft friedlich zusammenlebten, war vor allem ein Sinnbild für diesen angekündigten Frieden. Und richtig wird gesagt: *Verherrlicht ist Gott in der Höhe, und auf Erden ist Frieden bei den Menschen* (Lk 2,14), weil durch Christus der Vater verherrlicht wird und der Friede zwischen Gott und Mensch, Engel und Mensch, Jude und Heide geschlossen ist. Das *Wir loben dich* und das folgende hat, so nimmt man an, Hilarius in das *Gloria* eingefügt; und Papst Anastasius II. hat angeordnet, daß es in den Messen an Sonn- und Feiertagen gesungen werde, da es ein Loblied der Freude und des Jubels ist. [IX,14]

Die Hirten eilen zur Krippe. – Danach *sagten die Hirten zueinander: Kommt, wir gehen nach Betlehem,* von dem zu uns gesprochen worden ist, *um* dort mit eigenen Augen *das Wort zu sehen*, das heißt das, was des Wortes oder der Erinnerung würdig ist und *was der Herr* vollbracht hat, weil kein anderer es vollbringen konnte, und was er *uns gezeigt*, also offenbart hat (Lk 2,15). Als sagten sie: Wir wollen das neugeborene Kind schauen gehen, das uns das Wort des Engels bezeichnet hat. Das Wort oder die Rede wird nämlich in der Heiligen Schrift oft für eine Sache verwendet, die der Erwähnung würdig ist, wie bei Jesaja: *Es gab kein Wort,* das heißt, nichts Bemerkenswertes *in seinem Haus, das er ihnen nicht gezeigt hätte* (Jes 39,2). Oder: Laßt uns dieses Wort anschauen, das am Anfang beim Vater war, wie es Fleisch angenommen hat, denn sobald das Fleisch unseres Herrn erscheint, erscheint das

Wort, das der Sohn ist. *Das Wort,* dessen Menschwerdung die Trinität beschloß, *ist Fleisch geworden* und *ist uns* als sterblicher Mensch *erschienen* (Joh 1,14), denn in seiner Gottheit konnten wir es nicht sehen. *So eilten die Hirten hin,* hauptsächlich, weil sie sich sehr freuten und danach verlangten, das neugeborene Kind zu sehen, aber auch, um rascher zu ihrer Herde zurückzukehren, die sie unbewacht zurückließen; daraus ersieht man ihre Hingabe und ihren Eifer beim Suchen. Einer, der nämlich Christus nur träge sucht, verdient nicht, ihn zu finden. Zu ihm eilen bedeutet, wie Beda erklärt, nicht, den Lauf der Schritte zu beschleunigen, sondern immerfort im Glauben und in der Tugend Fortschritte zu machen. *Sie fanden Maria und Josef und das Kind, das in der Krippe lag* (Lk 2,16). Denn dank dem herrschenden Frieden, dessen die Menschen sich damals erfreuten, und wegen der vielen anreisenden Fremden wurden die Türen nicht verschlossen; also konnten die Hirten nachts in den Stall hineingehen und zu dem Kind gelangen. Sie fanden Christus bei der Jungfrau Maria und bei Josef, dem Gerechten, *in der Krippe.* Daraus sollen wir entnehmen: Wer Christus finden will, muß selber reinen Herzens sein, was durch die Jungfrau Maria angezeigt wird; er muß gegen den Nächsten gerecht sein, was im gerechten Josef dargestellt wird, und demütig und ehrerbietig gegen Gott, was die bescheidene Krippe andeutet. So wurde auch Christus zwischen Maria und Josef gefunden, das heißt zwischen der Kontemplation und der Aktion; ein Bild, das auf Jakob, der Israel, nämlich *Gott Schauender,* genannt wird (vgl. Gen 32,28), und seine zwei Frauen Rahel und Lea verweist. *Als sie* das Kind dem Fleisch nach, mit leiblichen Augen *sahen, erkannten sie* in geistiger Einsicht und mit innerem Glauben, *was ihnen über dieses Kind, über das Wort* (vgl. Joh 1,14), den Sohn Gottes, *gesagt worden war* (Lk 2,17). Von der Erkenntnis seiner Menschheit gelangten sie so zur Erkenntnis seiner Gottheit, weil sie, wie es verheißen war, nicht nur äußerlich, sondern auch innerlich durch die Erkenntnis des fleischgewordenen Wortes erleuchtet wurden. Und während sie den Knaben anbeteten, erzählten sie, was sie von den Engeln gehört hatten. *Und alle, die es hörten, staunten* (Lk 2,18) sowohl über das Geheimnis der Menschwerdung wie auch über das Zeugnis der Hirten. [IX,16]

Die Rückkehr der Hirten zur Herde. – *Die Hirten zogen in* großer *Freude zurück*, um ihre Herde zu hüten und zu bewachen. Im Herzen *rühmten sie,* mit dem Mund *lobten sie Gott*, auch als Urheber und Schöpfer, *für alles, was sie* von den Engeln *gehört und* in Betlehem mit eigenen Augen *gesehen hatten, wie es ihnen* vom Engel *gesagt worden war* (Lk 2,20). Sie rühmten und lobten Gott dafür, daß sie bei ihrer Ankunft alles so gefunden hatten, wie es ihnen gesagt worden war. Dankbar nämlich für die der ganzen Welt im allgemeinen und ihnen im besonderen geschenkte Gnade brachen sie voller Ehrfurcht in das Lob Gottes aus und priesen Gott. Auch deshalb gelten sie als getreu, weil sie zur Ausübung ihrer Tätigkeit zurückkehrten, nachdem sie den Heiland geschaut hatten. So sind sie ein Vorbild für die Hirten der Kirche, die wachen müssen, während andere schlafen, und zuweilen nach Betlehem zur Betrachtung und zum Studium der Heiligen Schrift gehen sollen, damit sie dort vom Brot des Himmels genährt und mit dem Brot der Lehre gestärkt, zur weidenden Herde zurückkehren.

Wie es bei Ezechiel heißt: *Sie kümmerten sich um die Schafe und holten sie zurück* (Ez 34,12). [IX,19]

4. DIE BESCHNEIDUNG DES HERRN

DIE BESCHNEIDUNG NAHM BEI ABRAHAM IHREN ANFANG. – *Als acht Tage* – der erste und der letzte ganz mitgerechnet – nach der Geburt des Herrn *vorüber waren und das Kind* gemäß der Weisung des Gesetzes zu der für die Beschneidung vorgesehenen Zeit *beschnitten werden sollte, gab man ihm den Namen Jesus,* das heißt der *Retter.* Da es üblich war, den Namen bei der Beschneidung zu geben, gab man ihm jenen, *den* Gott zuvor schon *genannt* und *der Engel* verkündet *hatte, noch ehe das Kind im Schoß* der Jungfrau vom Heiligen Geist *empfangen war* (Lk 2,21). Der Ritus der Beschneidung geht auf den seligen Patriarchen Abraham zurück, bei der auch sein Name erweitert wurde. Denn mit dem Siegel der Beschneidung erhielt er die Erweiterung und Veränderung seines Namens, so daß er, der früher Abram, *erhabener Vater*, hieß, danach aufgrund seines Glaubens Abraham, *Vater vieler Völker* (Gen 17,5), genannt wurde. ... So entstand in Nachahmung dieser Begebenheit der Brauch, den Knaben am Tag der Beschneidung ihren Namen zu geben, wie es auch bei Jesus geschah. Aus Demut also, der Wurzel und Bewahrerin der Tugenden, die Jesus von Anfang an übte, empfing er das Siegel der Beschneidung und zögerte nicht, das Lösegeld seines Blutes für dich hinzugeben, damit er sich als dein wahrer Retter offenbare, als der er den Vätern in Wort und Zeichen wiederholt verheißen worden war, und ihnen in allem gleich wurde, außer in der Unwissenheit und der Sünde. [X,1]

Erstes Geheimnis am Tag der Beschneidung: die Verleihung des Namens Jesu, seine Deutung, Würde und Kraft. – ... *Du wirst ein Kind empfangen, einen Sohn wirst du gebären: dem sollst du* bei der Beschneidung *den Namen Jesus geben* (Lk 1,31), der ihm von Gott dem Vater verliehen worden ist. Daher steht bei Jesaja: *Man ruft dich mit einem neuen Namen, den der Mund des Herrn für dich bestimmt hat* (Jes 62,2). Für Origenes ist der Name Jesus lieblich und ehrenvoll, aller Anbetung und Verehrung würdig, *ein Name, der größer ist als alle Namen* (Phil 2,9). Er diente nicht in erster Linie dazu, von Menschen getragen und von ihnen in der Welt gegeben zu werden; er war seinem Wesen nach gleichsam vortrefflicher und bedeutungsschwerer. Dieser Name ist Jesus angeboren; damit er der Retter sei, trägt er ihn seinem Wesen gemäß. Und wenn dieser Name auch anderen vorher verliehen worden war, so wurde er doch in Christus neu, da er ihm als dem Retter aller verliehen wurde, was bei anderen nicht zutraf, es sei denn, sie hätten bei irgendeinem besonderen Ereignis Heil bewirkt. Das hebräische Wort *Jesus* wird im Lateinischen mit *Salvator,* Retter, wiedergegeben. Retter aber wird er genannt, zum einen weil er die Macht hat zu retten; deshalb gebührt ihm dieser Name von Ewigkeit her. Zum anderen, weil er als Retter in die Welt kam; deshalb wurde er ihm vom Engel verliehen und kommt ihm vom Beginn seiner Empfängnis an zu. Ferner um der eigentlichen Rettung willen wurde ihm der Name bei der Beschneidung gegeben, und er geziemt ihm aufgrund seines Leidens. Wie Chrysostomus schreibt, ist dieser Name Gottes, den Jesus seit der Empfängnis der Jungfrau trägt, nicht neu, sondern alt, denn Jesus, *der Retter,* wurde jener dem Fleische nach genannt, der schon in seiner Gottheit der Retter war. Von daher betrachte die Würde dieses Namens: Erstens war dieser Name von Ewigkeit her vorbestimmt und geweiht, zweitens ging er aus göttlichem Mund hervor, drittens wurde er von den ehrwürdigen Patriarchen und Vätern ersehnt, viertens von den Propheten verheißen, fünftens von alters her in Jesus Nave, der auch Josue heißt, vorgebildet, sechstens wurde er der Jungfrau und Josef vom Engel verkündet, siebtens von der heiligen Jungfrau bekanntgegeben, achtens von Josef heute, am Tag der Beschneidung verliehen, neuntens von den Engeln verbreitet, zehntens von den Aposteln gepriesen, elftens von den Märtyrern bezeugt, zwölftens von den Bekennern gelobt, dreizehntens von den heiligen Jungfrauen wie ausgegossenes Öl zum voraus verkostet und vierzehntens von den Gläubigen verehrt. Augustinus begründet den Unterschied zwischen dem Namen Jesus und dem Namen Christus folgendermaßen: Jesus ist ein Eigenname, der Name Christus, der Gesalbte, aber ein allgemeiner, dem Sakrament zugehöriger Name. Christus ist deshalb ein Name der Gnade, Jesus ein Name der Herrlichkeit. Wie nämlich die Christen auf Erden durch die Taufgnade nach Christus benannt werden, so werden wir in der himmlischen Herrlichkeit nach Jesus Jesuiten heißen, das heißt vom Retter Gerettete. ... [X,2]

Zweites Geheimnis dieses Tages: Christus vergiesst sein erstes Blut. – Das zweite Geheimnis am Tag der Beschneidung ergibt sich, weil Jesus heute sein hochheiliges Blut für uns zu vergießen begann, da sein Fleisch mit einem steinernen Messer beschnitten wurde. Früh fing er an, für uns zu leiden, und der keiner Sünde schuldig war, begann heute, die Strafe für unsere Sünde auf sich zu nehmen. Er wollte nämlich nicht nur im Mannesalter, sondern auch in der Kindheit sein Blut für uns vergießen. Am heutigen Tag weinte der Jesusknabe vor Schmerz, den er in seinem Leib empfand; denn wie alle anderen Menschen hatte er einen wirklichen und schmerzempfindlichen Leib. Doch glaubst du, daß, während er weinte, die Mutter die Tränen zurückhalten konnte? Er weinte und so auch sie. Leide auch du mit ihm und weine mit ihm, weil er heute so viel geweint hat. Da er für uns das Heil erwarb, sollen wir uns an diesem Festtag freuen, aber auch an seinem Schmerz teilnehmen und mit ihm leiden um der Not willen, die er für uns ausgestanden hat. Auch sollen wir uns nicht darüber wundern, daß wir Strafen für unsere eigenen Sünden erdulden müssen, wenn wir sehen, daß er so viel für andere erduldet hat. ... [X,3]

5. DER HERR ERSCHEINT DEN DREI KÖNIGEN

ÜBER DEN WEG DER KÖNIGE. – *Als Jesus* nach dem Propheten Micha *in Betlehem in Judäa geboren worden war* (Mt 2,1) – dieses Betlehem liegt im Bezirk Judäa im Unterschied zum anderen im Bezirk Sebulon in Galiläa – *zur Zeit des Königs Herodes*, nämlich im Jahre dreißig seiner Herrschaft. Damit wird die für Christi Geburt vorherbestimmte Zeit angezeigt; der Patriarch Jakob hatte nämlich verheißen, daß Christus ungefähr zu jener Zeit zur Welt kommen würde, da die Herrschaft oder der König und Führer dem jüdischen Volk genommen würde. Dies erfüllte sich zur Zeit des Herodes Ascalonita, der aus Idumäa stammte und als erster Fremder regierte. *Siehe, Weise,* Heiden, welche die zukünftige, universale Kirche aus allen Völkern darstellen, *kamen* aus dem Orient *nach Jerusalem*, in die Königsstadt; dort forschten sie nach dem neugeborenen Christus und fragten: *Wo ist der neugeborene König der Juden* (Mt 2,2)? Dies ist der Titel, der hier von den Weisen verkündet, von den Juden dann aber verworfen wird: *Schreib nicht: Der König der Juden* (Joh 19,21), und schließlich von der Heiligen Schrift bestätigt wird: *Was ich geschrieben habe, habe ich geschrieben* (Joh 19,22). – *Wir haben seinen* eigenen *Stern aufgehen sehen,* den er als sein Zeichen geschaffen hat, *und sind* persönlich *gekommen, um ihm* demütig *zu huldigen* (Mt 2,2), *ihm* allein. Es kamen Hirten, um sich zu überzeugen, wie oben berichtet, Könige kamen, um, wie hier geschildert, zu huldigen, und es kamen Greise, um ihm, wie weiter unten nachzulesen ist, ihre Freude zu bezeugen. Die ersten beziehen sich auf die Vorsteher, die zweiten auf die Tätigen und die dritten auf die Beschaulichen. Die zuerst Genannten sehen und preisen, die Folgenden verehren und beten an, und die zuletzt Genannten nehmen das Kind auf ihre Arme und umfangen es. – Nach Meinung der einen verschwand der Stern, als die Weisen nach Judäa kamen, damit sie, des Führers auf ihrem Weg verlustig, ihre Zuflucht zur Königsstadt Jerusalem nehmen und dort nach dem neugeborenen König forschen mußten. Nach anderen verloren die Weisen die Führung durch den Stern, weil sie nach Jerusalem gingen, um sich dort nach dem Knaben zu erkundigen und so, weil sie menschliche Hilfe begehrten, zu Recht die göttliche zu verlieren verdienten; denn die göttliche Hilfe verläßt gerade jene, die ihr den menschlichen Beistand vorziehen. An diesem Stern kann die Erleuchtung durch die Gnade erkannt werden, weil die

Guten, wenn sie bei den Bösen Rat suchen, die wahre Erleuchtung verlieren. [XI,5]

WIE VERDIENSTVOLL DIE ANBETUNG DER WEISEN WAR. – Sie traten ein und *fielen nieder* (Mt 2,11); sie beugten demütig, sowohl geistig wie leiblich, die Knie vor dem Jesuskind und beteten im Fleisch den wahren Gott in ehrfürchtiger Andacht an. Sie verehrten ihn als König und beteten ihn als Gott an; sie sahen nämlich den Menschen und erkannten Gott: sie fielen nieder zum Zeichen der Demut, ohne die niemand wahrhaft anbetet; denn jeder Beter muß all seinen Stolz und sein Selbstvertrauen ablegen, um im Geiste den Kniefall zu vollziehen, mit dem er sich leiblich vor den Augen Gottes niederwirft und Gott das Opfer eines zerknirschten und demütigen Herzens anbietet, damit er ihn heile. Wie groß war damals dein Jubel, o heilige Jungfrau, wer vermag auszudenken, wie es war, als du sahst, wie der, den du gerade geboren hattest, als Gott angebetet wurde? Wie groß war der Glaube dieser Weisen! Was galt es nämlich zu glauben? Daß in jenem kleinen, so dürftig bekleideten Knaben mit der ärmlichen Mutter, daß an jenem armseligen Ort, ohne Gesellschaft, ohne Familie, ohne jeglichen Schmuck der König und wahre Gott gefunden war; doch sie glaubten beides. Sie hätten nämlich das kleine Kind nicht angebetet und verehrt, wenn sie es nur für ein kleines Kind gehalten hätten. Solche Führer und solche Vorbilder waren uns nötig. Woraus klar wird, daß sie die Gottheit Christi dank göttlicher Offenbarung erkannten. ... [XI,11]

Die Gaben, die sie darbrachten. – Nachdem nun die Weisen das Kind gefunden hatten, öffneten sie ihre Schätze; daraus ergibt sich für uns, daß wir unsere Schätze nicht unterwegs vor Fremden ausbreiten, sondern Gott allein in der Verborgenheit unseres Herzens darbringen sollen. *Dann brachten sie,* ein jeder, dem Jesuskind *Gold, Weihrauch und Myrrhe als Gaben dar* (Mt 2,11). ... Dazu meint Augustinus: »Das Gold wird ihm gleichsam als dem großen König dargebracht, der Weihrauch wird ihm als Gott aufgeopfert und die Myrrhe dem angeboten, der für das Heil aller sterben wird. Jeder aber von ihnen vollzog auch drei Verheißungen, weil dies, wie gesagt wurde, dem Geheimnis entsprach. Denn keiner wird zu Recht Christ genannt, der Christus nicht als Gott wie als König und auch als den bekennt, der gelitten hat, was mit jenen drei Gaben bedeutet wird.« [XI,12]

Die Rückkehr der Weisen. – Die Weisen küßten ehrerbietig und demütig die Füße des Knaben, und als sie den Herrn angebetet, den vollen Gehorsam geleistet, die Hingabe vollzogen und den Segen empfangen hatten, verneigten sie sich und kehrten in großer Freude nach Hause zurück. Als sie über den Rückweg miteinander beratschlagten, vernahmen sie im Schlaf durch göttliche Offenbarung die Weisung, *nicht zu Herodes zurückzukehren* (Mt 2,12), weil ihnen, nachdem sie die Wahrheit erkannt hatten, eine Rückkehr nicht erlaubt war. Dadurch werden auch wir ermahnt, mit schlechten Menschen keinerlei Umgang zu haben und erkannte Fehler zu meiden. Dazu schreibt Seneca: »Es ist nicht Wankelmut, sich von einem erkannten Fehler abzuwenden, es ist nicht schimpflich, um der Sache willen einen Entschluß zu ändern.« Die Weisen forschten nämlich innerlich in ihrem Gewissen, was der göttliche Wille in bezug auf die Rückkehr zu Herodes sei. Wie Mose schweigend zu Gott rief, so fragten sie in der gleichen frommen Gesinnung, was der göttliche Wille befehle. Deshalb verdienten sie eine Antwort Gottes, die entweder innerlich oder durch den Dienst des Engels erteilt wurde. Sie gingen also zum Meer hinunter, setzten mit dem Schiff nach Tarsis in Zilizien über und *zogen* so *auf einem anderen Weg heim in ihr Land* (Mt 2,12), denn nach Hieronymus sollten sie mit dem Unglauben der Juden nichts zu tun haben. Darum steckte der erzürnte Herodes später die Schiffe von Tarsis in Brand gemäß der Weissagung des Propheten David: *wie der Sturm von Osten, der die Schiffe von Tarsis zerschmettert* (Ps 48,8). Dazu sagt Chrysostomus: »Blicke auf den Glauben der Weisen, wie sie selber keinen Anstoß nehmen und nicht zueinander sagen: Wenn dieser Knabe wirklich groß ist, warum dann die Notwendigkeit der Flucht und geheimen Rückkehr? Es zeugt nämlich von wahrem Glauben, nicht nach den Gründen für etwas rechtmäßig Gebotenes zu suchen, sondern sich von diesem allein überzeugen zu lassen.« [XI,17]

6. DIE DARSTELLUNG DES HERRN IM TEMPEL

JOSEF UND MARIA VERLIESSEN BETLEHEM UND WANDERTEN NACH JERUSALEM. – Da nun der vierzigste Tag, mit dem nach dem Gesetz *der Tag der Reinigung Mariens erreicht war,* verließ sie, die der Reinigung nicht bedurfte, denn sie hatte ohne Sünde empfangen, mit Josef und dem Kind den Stall, um das Gesetz zu erfüllen. Bei der Beschneidung nämlich wird der Knabe von der Erbsünde gereinigt, die er sich von den Eltern zugezogen hatte; bei der Reinigung wird die Mutter von der Sünde gereinigt, da sie in Begierde empfangen hat. Nichts aber von all dem war in diesem Knaben und in seiner Mutter. *Sie brachten das Kind* nach der Beschneidung von Betlehem *nach Jerusalem hinauf* (Lk 2,22), *um es,* gemäß dem Gesetz, *dem Herrn zu weihen,* das heißt, es im Tempel Gott darzustellen und *ihr Opfer* für das Kind *darzubringen,* nämlich *ein Paar Turteltauben oder zwei junge Tauben* (Lk 2,24). [XII,1]

FÜNF GRÜNDE, WARUM CHRISTUS DARGESTELLT WERDEN WOLLTE. – Weil Christus von einer Frau geboren war und als Erstgeborener sich dem Gesetz unterstellen wollte, wurden die beiden erwähnten Vorschriften auch bei ihm beachtet. Es war dem Lehrer der vollkommenen Demut, der in allem dem Vater gleich war, nicht genug, sich der demütigen Jungfrau zu unterwerfen, ohne sich auch unter das Gesetz zu stellen. Dies tat er aus mehreren Gründen: einmal um das Gesetz des Alten Bundes zu bestätigen, dann, um es durch seine Beobachtung selber zu erfüllen und zu vollenden und damit zu zeigen, daß es auf ihn hin ausgerichtet war; weiterhin, um den Juden die Gelegenheit zu entziehen, ihn zu Unrecht anzuklagen, ferner, um die Menschen von der Knechtschaft des Gesetzes zu befreien, und schließlich, um uns ein Beispiel der Demut und des Gehorsams zu geben. [XII,3]

SIMEON EMPFÄNGT CHRISTUS IN SEINEN ARMEN UND BETET IHN AN. – Als Simeon eilig daherkam, den Tempel betrat und Christus erblickte, erkannte er ihn sogleich in prophetischem Geist. Kraft derselben Gnade des Geistes, durch die er einst erfahren hatte, daß der Erlöser kommen werde, erkannte er jetzt, daß er da war und er ihn bald sehen werde. Und eilig herantretend, beugte er die Knie und betete ihn in den Armen der Mutter an. Er streckte seine Arme aus und sagte zu den Eltern: Gebt ihn mir, er gehört mir, ich muß meines Amtes walten, dazu bin ich gesandt, für diesen Dienst bin ich am Leben erhalten worden! Die Mutter, die den Willen des Sohnes erkannte, reichte ihn Simeon. Jener nahm ihn glücklich und frohlokkend mit großer Freude im Herzen in seine Arme. O glückselige Hände, die das Wort des Lebens liebkosten, glückselig die Arme, die ihn umfingen! Und als er das Kind in die Arme genommen hatte, erhob er sich, und sogleich wich das Alter von ihm: jugendliche Kraft und Stärke durchströmten ihn. Groß ist hier die Macht des Herrn, nicht weniger aber leuchtet seine Demut. Den Himmel und Erde nicht fassen können, den trugen die Arme des hochbetagten Mannes, der sich selbst vorher nur mit Mühe hatte aufrecht halten können; er frohlockte, da er das Kind mit Leichtigkeit trug. Er selbst trug nämlich den, von dem er getragen wurde und der *alles durch das Wort* (Joh 1,3) trägt. Er trug Christus in der Menschheit, von dem er kraft seiner Gottheit getragen wurde. Deshalb heißt es so treffend: Der Greis trug das Kind, das Kind aber führte den Greis. Der Greis trug Christus als Kind, das jenen führte, der im Greisenalter stand. Dieser Simeon ist gewiß selig, da er Christus nicht nur zu sehen verdiente, sondern auch leiblich tragen durfte. Überselig, da er so großer Tröstung gewürdigt wurde, wie sie die Patriarchen und Propheten ersehnt, aber nicht erhalten hatten. Es besteht kein Zweifel, daß er aus dieser Umarmung Jesu Christi viele Tröstungen und einzigartige Gnadengaben empfing. Dazu sagt der griechische Lehrer, das unaussprechlich strahlende Licht des Kindes habe den Greis so sehr erleuchtet, daß ihm in der Folge bald das Künftige kundgetan werden konnte: Nicht weniger selig aber sind, *die nicht sehen und doch glauben* (Joh 20,29). [XII,10]

DER GESANG DES SIMEON. – So *pries* und lobte *er* auch *Gott*, sagte ihm Dank für die so große Wohltat, für die Erfüllung der Verheißung nämlich und das Erscheinen des Retters. Nachdem er den Erlöser geschaut hatte, enthüllte er die Offenbarung, die sich ihm in einem geheimen Zwiegespräch kundgetan hatte: *Nun läßt du, Herr, deinen Knecht, wie du gesagt hast, in Frieden scheiden. Denn meine Augen haben das Heil gesehen* usf. (Lk 2,29ff.). Dich, Herr, sagte er, lobe ich: Deine Verheißung und meine Sehnsucht sind erfüllt, denn ich schaue Christus, das Heil, meinen Herrn, Jesus, den Retter, wie *salutaris* gedeutet wird. Die Augen des Fleisches erblickten den Menschen, die Augen des Geistes aber erkannten ihn als Gott. Nun *läßt du scheiden*, das heißt, du wirst oder du mögest, – da es ein Wunsch ist – *deinen Knecht* schon jetzt und von allem scheiden lassen, damit er *in Frieden* aus diesem Leben in die Ruhe des Herzens eingehe und in Abrahams Schoß ruhe. Ich sterbe gleichsam getrost, weil er gegenwärtig ist; und sehr bald wird er leiden, wodurch ich losgekauft werde. Er wußte, wie selig die Augen sind, die Christus sehen werden, und deshalb wollte er nicht vom Tod aufgelöst werden, bis er ihn sähe. Sobald er ihn aber sah, wünschte er, vom Leib befreit zu werden und in Abrahams Schoß Frieden zu finden. Freudig wollte er zum Limbus der

Väter hinabsteigen, da er nun den Erlöser geboren wußte. Doch wie soll er in Frieden entlassen werden, da ihm, wie alle bis dahin meinten, sein Lager in der Finsternis bereitet ist? In den Frieden der Ruhe, sagte er selber, solle er entlassen werden, nicht in den Frieden der Anschauung Gottes. – Simeon war vollkommen; er trug das Leben in Geduld und erwartete den Tod mit Sehnsucht. So waren nämlich, wie Beda meint, die Väter des Alten Testaments in manchem ebenso vollkommen wie die des Neuen. [XII,11]

DIE BEGEGNUNG MIT DER PROPHETIN HANNA. – *In diesem Augenblick*, in dem Simeon über Christus redete und ihn in den Armen hielt, *trat die Prophetin Hanna hinzu,* nicht durch Zufall oder in menschlicher Absicht, sondern durch eine Offenbarung des Heiligen Geistes, wie es auch von Simeon gesagt wird. Sie betete das Kind an und *pries den Herrn;* sie lobte Gott und dankte ihm für die großen bei der Menschwerdung wie bei der Geburt ergangenen Wohltaten. Sie legte Zeugnis ab für den Sohn, lehrte das Volk und *sprach über das Kind zu allen, die auf die Erlösung* Jerusalems und *Israels warteten* (Lk 2,38). Sie verkündete ihnen, der Erlöser und Retter des Menschengeschlechts sei geboren worden, den sie so lange ersehnt hätten, damit er sie loskaufe und befreie. Allen Glaubenden, die, vom Joch des fremden Herrschers Herodes niedergedrückt, auf die Befreiung der Stadt und des Volkes und auch auf eine geistige Befreiung warteten, versprach sie, daß durch die Ankunft Christi die Er-lösung von der Tyrannei des Herodes und der Dämonen sehr bald erfolgen werde. Diese ehrwürdige Frau, deren Adel hervorgehoben, deren Enthaltsamkeit gelobt und die um ihres Alters willen empfohlen und für ihre Frömmigkeit gepriesen wird, war geeignet und überaus würdig, für den menschgewordenen Sohn Gottes Zeugnis abzulegen. Sie wird daher als Prophetin bezeichnet, also ihr Zeugnis als echt bestätigt, weil es für eine prophetische Eingebung oder eine göttliche Offenbarung gehalten wurde. »Zu Recht«, sagt Origenes »verdiente diese heilige Frau die Prophetengabe, weil sie durch lange Keuschheit wie auch durch langes Fasten zu diesem Höhepunkt emporgelangt war.« ... [XII,17]

7. DIE FLUCHT DES HERRN NACH ÄGYPTEN UND DER MORD AN DEN UNSCHULDIGEN KINDERN

EIN ENGEL ERSCHEINT UND WARNT JOSEF VOR DEM BÖSEN PLAN DES HERODES. – Als Maria und Josef nach Nazaret aufbrachen – ohne noch etwas von dem Plan des Herrn zu wissen –, und schon die Angst um das Kind sie zu ergreifen begann, *erschien dem Josef im Traum ein Engel des Herrn und sagte,* er solle aufstehen, den Knaben und seine Mutter nehmen und nach Ägypten fliehen, *denn Herodes wird das Kind suchen, um es zu töten* (Mt 2,13). Weil es sich für die vollkommene Demut gehört, mit drei besonderen Tugenden geschmückt zu sein, nämlich mit der Armut, die den Reichtum als den Nährboden des Hochmuts meidet, mit der Geduld im gleichmütigen Ertragen von Geringschätzung und schließlich mit dem Gehorsam, der fremden Befehlen folgt; deshalb wurde Jesus der Weissagung einer himmlischen Offenbarung gemäß als armer Fremdling nach Ägypten gebracht. In den kleinen Kindern, die um seinetwillen getötet wurden, wurde er selbst getötet und gleichsam in jedem einzelnen grausam niedergemetzelt. Nach der Rückkehr in seine Heimat war er den Eltern untertan, so daß er sich nie auch nur für einen Augenblick von ihnen trennte, außer damals, als er im Alter von zwölf Jahren in Jerusalem zurückblieb und von der Mutter nicht ohne Schmerz gesucht, aber auch nicht ohne Freude von ihr wiedergefunden wurde. – Als Josef aufwachte, weckte er die Mutter und erzählte ihr alles, was er vom Engel gehört hatte. Sie erhob sich sofort, ohne Zeit zu verlieren, und rüstete sich zur Abreise. Denn bei dieser Nachricht wurde ihr Inneres zutiefst erschüttert, und sie wollte zur Rettung ihres Sohnes nichts versäumen. Erwäge, wie die Mutter das schlafende Jesuskind aufnimmt, wie der Knabe, so ungestüm geweckt, weint. Leide du mit ihnen, wenn du in deinem Innersten Mitleid zu empfinden vermagst. Bedenke, welcher Trost der Mutter bleiben mochte, als sie, die zarte junge Frau, die sich von der Geburt eben erhoben hatte, gezwungen war, auf rauhen und unbekannten Wegen in das fremde Land zu fliehen, den zarten Knaben in die unbekannte Ferne zu tragen und schließlich unter Heiden zu wohnen. [XIII,1]

WAS BEDEUTET DIE FLUCHT DES HERRN NACH DEM GEISTLICHEN SCHRIFTSINN? – Nach dem geistlichen Schriftsinn wird durch die Flucht nach Ägypten die Flucht des Gerechten vor der Gefahr der Sünde und der Verdammnis in den Stand der Buße bedeutet, in dem er bleiben muß bis zum Tod des Herodes, das heißt, bis die Anfechtungen des Feindes aufhören. Der Herr floh auch vor dem Angesicht seines Knechtes, besser des Teufelsknechtes, nicht weil er den Tod fürchtete, sondern um ihn zur rechten Zeit auf sich zu nehmen. Er floh nämlich nicht den Tod, denn er war ja gekommen, um zu sterben, noch erschreckten ihn die Nachstellungen des Teufels, denn um seine Nachstellungen und Listen aufzudecken, war er gekommen. [XIII,7]

DER MORD AN DEN BETLEHEMITISCHEN KINDERN. – Als aber die Weisen nicht auf demselben Weg zurückkehrten, wie es Herodes erwartet hatte, und nicht bei ihm zur Berichterstattung erschienen, glaubte er, sie hätten sich in der Erscheinung des Sterns getäuscht und geschämt, zu ihm zurückzukehren. Er gab deshalb die Suche nach dem Knaben auf oder wurde durch die vielen Pflichten des Königsamtes von der Suche nach dem Kind abgelenkt oder abgehalten. Als er aber bald darauf von den Ereignissen im Tempel hörte und vernahm, was Simeon gesagt und Hanna prophezeit hatte und darauf der Ruhm des neugeborenen Kindes wuchs, war er darüber bestürzt und fürchtete sich sehr. *Als er merkte, daß ihn die Weisen getäuscht hatten,* weil sie nicht zu ihm zurückkamen, *wurde er sehr zornig* (Mt 2,16): Einmal, weil seine Aufforderung mißachtet worden war, dann aus Furcht, die Königsherrschaft zu verlieren, betrieb er den Tod der betlehemitischen Knaben, damit mit ihnen auch derjenige getötet werde, den er nicht kannte. Er meinte nämlich, wenn alle Knaben getötet würden, könne der eine, den er suchte, nicht entwischen. Der Unselige bedachte nicht, daß *vor dem Herrn keine Weisheit, keine Einsicht, kein Ratschlag bestehen kann* (Spr 21,30). Während er also die Tötung der Knaben anordnete, wurde er durch einen Brief von Kaiser Augustus aufgefordert, nach Rom zu kommen. ... Von Rom nach Jerusalem zurückgekehrt, sandte er Lanzenträger aus und befahl, *in Betlehem und seiner ganzen Umgebung*, in allen benachbarten Orten, *alle*

Knaben bis zum Alter von zwei Jahren zu töten, jene also, die zwei Jahre alt waren und jünger, von dem Tag oder der einen Nacht an, da der Knabe, *genau der Zeit entsprechend, die er* über den Aufgang des Sterns *von den Weisen erfahren hatte* (Mt 2,16), geboren worden war. ... [XIII,10]

8. DIE RÜCKKEHR UNSERES HERRN AUS ÄGYPTEN ...

JOSEF ERHÄLT VOM HIMMEL DEN AUFTRAG, AUS ÄGYPTEN HEIMZUKEHREN. – Als fast sieben Jahre verstrichen waren, die der Herr als Fremdling in Ägypten verbracht hatte, und *als Herodes gestorben war* (Mt 2,19), wurde der Herr aus Ägypten gerufen; denn, wie die Geschichte berichtet, ist Christus im dreißigsten Jahr der Regierungszeit des Herodes geboren worden und Herodes im achtunddreißigsten Jahr seiner Herrschaft gestorben. So geschah es, damit sich erfüllte, was durch den Propheten Hosea über den Herrn gesagt worden ist: *Aus Ägypten rief ich meinen Sohn* (Hos 11,1), den mir Wesensgleichen. Dasselbe liest man wörtlich über die Berufung und den Auszug Israels aus Ägypten, das doch auch Kind und Sohn des Herrn genannt wird. Dieser Auftrag hat demnach einen doppelten Schriftsinn, denn für das Volk Israel hat es sich buchstäblich bewahrheitet, daß es vom Herrn aus Ägypten gerufen wurde. In vollendeter Weise jedoch gilt dies von unserem Herrn Jesus Christus, weil er seiner Natur nach Gottes Sohn ist, während die anderen nur angenommene Söhne sind. – Im ersten Jahr des Archelaus, des ältesten Sohnes des Herodes und im achten Jahre des Herrn, *erschien dem Josef ein Engel des Herrn im Traum und sagte: Steh auf, nimm das Kind und seine Mutter und zieh in das Land Israel* in Judäa; *denn die Leute, die dem Kind nach dem Leben getrachtet haben, sind tot* (Mt 2,19f.). ... Da *stand* Josef gehorsam sofort *auf, nahm das Kind*, das seiner Sorge anvertraut war, *und dessen Mutter,* die fügsame Begleiterin, und machte sich auf den Rückweg *in das Land Israel* (Mt 2,21). [XIV,1]

Er durchzieht die Wüste. – Sie zogen also durch die Wüste, durch die sie gekommen waren. Geh du mit ihnen, erweise ihnen Hilfe und Dienst und verwende dich für sie, soweit du kannst. Und auf diesem Weg kannst du mit ihnen leiden und erwägen, wie ermüdet und von der Anstrengung geschwächt jene waren, die bei Tag und bei Nacht so wenig Ruhe fanden. O wie sehr hat sich dieser auserlesene und zarte Knabe, der König des Himmels und der Erde, für uns abgemüht, und wie früh hat er damit begonnen! Über seine Person hat daher der Prophet geweissagt: *Gebeugt bin ich und todkrank von früher Jugend an* (Ps 88,16). Beständig nahm er große Entbehrungen, beschwerliche Mühsal und harte körperliche Plagen auf sich, ja fast haßte er sich selbst aus Liebe zu uns. Sicher hätte allein diese Anstrengung, von der wir jetzt handeln, zu unserer Erlösung ausreichen müssen. [XIV,2]

Josef zieht sich in das Gebiet von Galiläa zurück, um in Nazaret zu wohnen. – *Und weil er im Traum* von dem Engel *einen Auftrag erhalten hatte* (Mt 2,22), zog er mit dem Knaben und seiner Mutter nach Galiläa. Dort herrschte der andere Sohn, jener Herodes nämlich, der zuvor mit keinem öffentlichen Amt bekleidet war, weil ihm der Vater den Anteil, der ihm zukam, vorenthalten hatte. Deshalb wohnte Josef dort sicherer mit dem Knaben; denn es war das Land Israel, weil Israel es bewohnte. *Er ließ sich in einer Stadt namens Nazaret nieder* (Mt 2,23), damit Christus dort aufwachse, wo er empfangen worden war, selbst wenn er in Betlehem geboren war. Dort konnte er nämlich sicherer wohnen als in Jerusalem oder Betlehem, wo Archelaus herrschte. Dazu schreibt Chrysostomus: »Jesus kam nicht nur aus Furcht vor der Gefahr nach Nazaret, sondern auch aus Liebe zur Heimat, um dort sicherer und angesehener zu wohnen.« Dies aber geschah, *damit sich erfülle, was durch den Propheten gesagt worden ist: Er wird Nazoräer heißen* (Mt 2,23). Dieses *damit sich erfülle* ist als eine Folge, nicht ursächlich zu verstehen, denn nicht die Weissagung ist der Grund des Ereignisses, sondern das Ereignis ist der Grund für die Erfüllung der Weissagung. Christus ist auch *Nazoräer* genannt worden, einmal nach dem Namen des Ortes, wo er empfangen und großgezogen worden ist, dann auch nach der Verpflichtung des Gesetzes, nach der Nazoräer mit *Heiliger* gedeutet wird; und heilig nennen und bezeugen den Herrn alle Schriften. So wählte er also den Ort, wo er empfangen worden war, und die Stadt, in der er aufgezogen werden sollte. Ihr Name dient als Hinweis, warum er selbst mit Recht und seinem Wesen gemäß als Quell der Heiligkeit und in Heiligkeit erzogen, als Heiliger der Heiligen, ja sozusagen als Nazoräer der Nazoräer bezeichnet wird. Nazaret wird als *Blume des Feldes,* als *neuer Sproß* oder *Heiligkeit* gedeutet, und aus dieser Wurzel ist der Heilige der Heiligen, der Nazoräer, nach der Schrift hervorgegangen. ... Indem er Ägypten verließ, nach Galiläa kam und in Nazaret wohnte, gab er uns ein Beispiel, daß wir den Stand der Schuld hinter uns lassen, von den Fehlern zu den Tugenden übergehen und in beharrlichem Vollbringen guter

Werke erblühen sollen, damit wir so zur himmlischen Heimat zu gelangen vermögen. [XIV,8]

9. DER KNABE JESUS BLEIBT IN JERUSALEM ZURÜCK UND WIRD IM TEMPEL GEFUNDEN

IM ALTER VON ZWÖLF JAHREN ZOG CHRISTUS ZUM PASCHAFEST NACH JERUSALEM. – *Als Jesus zwölf Jahre alt geworden war, zog er mit seinen Eltern zum Paschafest nach Jerusalem, wie es dem Gesetz entsprach* (Lk 2,41f.). Daraus wird deutlich, daß sich die Menschen von Kindheit an mit dem Göttlichen vertraut machen sollen; und gerade das tat Jesus, als er am Ort der Verehrung Gottes zurückblieb, während die anderen heimkehrten. Der Knabe Jesus scheute auch jetzt die lange Reise nicht und ging, seinen himmlischen Vater an seinem Fest zu ehren; der Herr des Gesetzes beobachtete demütig das Gesetz. Weil nämlich der Herr kam, um ein Beispiel jeglicher Vollkommenheit und Demut zu geben, wollte er das Gesetz beobachten, solange es Bestand hatte. Dazu meint Beda: »Er selbst beobachtete das Gesetz, das er gab, um uns, die wir nur Menschen sind, zu zeigen, daß wir alles, was Gott befiehlt, in jeder Hinsicht befolgen müssen. Wir folgen also seiner menschlichen Lebensweise, wenn wir uns an der Herrlichkeit Gottes freuen.« ... [XV,3]

CHRISTUS BLEIBT OHNE DAS WISSEN SEINER ELTERN IN JERUSALEM ZURÜCK. – *Nachdem die Festtage zuende waren* und die Feier, die acht Tage dauerte, vorüber war, *blieb der junge Jesus in Jerusalem* (Lk 2,43), während die Eltern heimkehrten. Dies geschah nicht zufällig oder infolge einer Nachlässigkeit der Eltern oder weil man ihn vergessen hätte, sondern aus seinem freien Willen und Entschluß, denn er wollte von Kindheit an seinen Eifer in den geistlichen Dingen kundtun. Und wie er seiner Pflicht den Eltern gegenüber gerecht geworden war, indem er mit ihnen, wie ein Mensch mit Menschen, nach Jerusalem zog, um Gott Opfer darzubringen, so erwies er auch dem Vater seine Schuldigkeit, indem er sich der geistlichen Unterweisung widmete. *Seine Eltern bemerkten* sein Zurückbleiben in Jerusalem *nicht*; *sie meinten, er sei irgendwo in der Pilgergruppe* (Lk 2,43f.), also bei denen, die ebenfalls zurückpilgerten. Er aber wollte heimlich und ohne ihr Wissen zurückbleiben, damit er nicht, ihnen gehorchend und mit ihnen heimkehrend, von den Lehrgesprächen im Tempel abgehalten werde, noch, indem er im Ungehorsam zurückblieb, sie scheinbar geringachte. Hier wird erwiesen, daß ein Sohn, dessen Vater und Mutter auch ohne ihn ihr Leben führen können, sich unter der Führung eines urteilsfähigen Begleiters Gott weihen oder in den Stand der Vollkommenheit treten und sich dem göttlichen Dienst widmen darf, auch wenn seine Eltern es weder wissen noch gutheißen. Und zu jenen, die es verhindern wollen, sagt der Herr: *Laßt die Kinder zu mir kommen! Denn Menschen wie ihnen gehört das Reich Gottes* (Lk 18,16). Hier aber stellt sich die Frage, wie seine Eltern, die ihn mit so großer Fürsorge erzogen, ihn vergessen und zurück-lassen konnten? Dazu ist zu sagen: Wenn die Kinder Israels zu den Festen zusammenströmten oder nach Hause zurückkehrten, gingen Männer und Frauen aus Gründen der Schicklichkeit getrennt, damit sie sich voreinander zurückhielten und, entsprechend der Gesetzesvorschrift, mit größerer Andacht die Feiern begehen konnten und in der gemischten Gesellschaft nicht irgend etwas Unschickliches sich ereignete. Die Kinder konnten unterschiedslos mit jedem der beiden Elternteile gehen. Als Josef daher sah, daß der Knabe Jesus nicht bei ihm war, glaubte er, er ginge mit Maria in Begleitung der Frauen; und Maria meinte umgekehrt, er sei bei Josef im Gefolge der Männer. [XV,5]

WARUM WIRD CHRISTUS NACH DREI TAGEN GEFUNDEN? – Am dritten Tag *kehrten sie nach Jerusalem zurück*, von wo sie sich eine Tagesreise entfernt hatten *und suchten ihn* dort (Lk 2,45). Erwäge, wie die Jungfrau große Reisestrapazen auf sich nahm und unter vielen Tränen abermals nach Jerusalem zurückging; sie konnte mit Recht sagen, wie es im Hohenlied heißt: *Ich suchte ihn, den meine Seele liebt. Ich suchte ihn und fand ihn nicht* (Hl 3,1), nämlich *bei den Verwandten und Bekannten* (Lk 2,44). *Aufstehen will ich,* von Ort zu Ort gehen, *die Stadt durchstreifen, die Gassen und Plätze, ihn suchen, den meine Seele liebt* (Hld 3,2). Und *nach drei Tagen* des Vermißtseins, womit die drei Tage seines Todes vorgebildet waren, während derer er für verloren gehalten wurde, *fanden sie ihn* am Morgen des vierten Tages *im Tempel* (Lk 2,46). Damit wollte er, wie Ambrosius sagt, anzeigen, daß der Totgeglaubte nach drei Tagen siegreichen Leidens mit der Glorie der Unsterblichkeit bekleidet auferstehen würde. [XV,7]

WAS TAT CHRISTUS IM TEMPEL? – Wie gesagt, *sie fanden ihn im Tempel*, nicht nach Kinderart leichtsinnig hier- und dorthin laufend, sondern als ein Quell der Weisheit, *mitten unter den Lehrern* sitzend, damit er alle besser hören und mit ihnen sprechen könne. Ruhig *saß er* da, und wie ein Vorbild der Demut *hörte er ihnen* zunächst *zu und stellte Fragen* (Lk 2,46), bevor er lehrte.

Er, der die Engel im Himmel lehrt, befragte die Lehrer im Tempel. Indem er fragte, wollte er belehrt werden, er, der seinen Lehrern das Wort der Weisheit darreichte. Er fragte nicht, weil er es nötig hatte oder um zu lernen, sondern um uns ein Beispiel zu geben, wie wir uns die Heilige Schrift mit Eifer immer besser aneignen und uns nicht schämen sollten, nach etwas zu fragen, was wir nicht verstehen. Dennoch schämen sich viele hochmütige Menschen zu fragen und ziehen es vor, im Irrtum zu verharren, anstatt sich unterweisen zu lassen. ... [XV,8]

MARIA FRAGT DEN SOHN, WARUM ER IM TEMPEL ZURÜCKGEBLIEBEN SEI. – Als seine Eltern ihn im Tempel mitten unter den Gelehrten sitzen *sahen, waren sie sehr betroffen* über das ungewohnte Ereignis, weil er niemals zuvor so etwas oder Ähnliches getan hatte. Seine Mutter, die sozusagen wieder auflebte und sich freute, dankte Gott aus ganzem Herzen. Als der Knabe Jesus die Mutter sah, kam er zu ihr; sie hob ihn hoch, küßte ihn zärtlich, und während sie in sein andächtiges Gesicht blickte, sagte sie zu ihm: *Kind, wie konntest du uns das antun?* (Lk 2,48). ... [XV,9]

WAS ANTWORTETE CHRISTUS? – *Da sagte er zu ihnen*, nicht um die Mutter zu betrüben, sondern um sie zu unterweisen: *Warum habt ihr mich* bei Bekannten und Verwandten *gesucht,* da ihr mich doch vielmehr im Tempel suchen mußtet, im Haus meines Vaters und bei der Beschäftigung mit geistlichen Dingen? Er antwortete nicht unwillig, sondern entschuldigte sich demütig und enthüllte die Geheimnisse. Er machte ihnen keinen Vorwurf und tadelte nicht, daß sie ihn wie einen Sohn gesucht hatten; sondern, gleichsam die Frage der Mutter richtigstellend, sagte er ihr, wer sein wahrer Vater sei und was er zuerst dem ewigen Vater schulde, und offenbarte sich ihnen und uns, indem er antwortete: *Wußtet ihr nicht, daß ich in dem sein muß, was meinem Vater,* also Gott, *gehört?* (Lk 2,49), im Tempel nämlich, in der Lehre und in den Werken, durch die mein Vater sich offenbart. Als sagte er: Auf ihn, dessen ewiger Sohn ich meiner göttlichen Natur nach bin, muß ich mehr achten als auf dich, deren Sohn ich meiner menschlichen Natur nach bin, und auf Josef, für den ich nur Ziehsohn bin. Daher müßt ihr euch nicht wundern, wenn ich euch wegen meines ewigen Vaters, dem ich tiefer verpflichtet bin, verließ. – Jesus war seinem göttlichen und ewigen Vater tiefer verbunden als seiner leiblichen Mutter und seinem Ziehvater. Obgleich er die Eltern liebte und ihnen gehorsam war, wollte er doch an erster Stelle Gott ehren. [XV,11]

10. WAS JESUS, DER HERR, VOM ZWÖLFTEN BIS ZUM BEGINN DES DREISSIGSTEN LEBENSJAHRES TAT

WAS TAT CHRISTUS WOHL VOM ZWÖLFTEN BIS ZUM DREISSIGSTEN LEBENSJAHR? – ... Dieser ganze Zeitraum wird bei Lukas mit den folgenden Worten kurz geschildert: *Dann kehrte er mit ihnen nach Nazaret zurück und war ihnen gehorsam* (Lk 2,51). Dazu meint Thomas: »In der ersten Hälfte dieser Zeit, also von der Geburt bis zur Taufe, wirkte Christus kein Wunder, sondern verhielt sich seiner Umgebung entsprechend, und seine wahre Kraft blieb allen verborgen. Er wirkte auch deshalb in seiner ersten Lebenshälfte keine Wunder, damit man nicht meine, das Wunder der Menschwerdung sei ein Trug, da er sich nicht wie andere Kinder seines Alters verhalte. Und so verschob er die Kundgabe seines Wissens und seiner Tugend auf die Zeit, in der auch bei den anderen Menschen ihr Wissen und ihre Tugend sich entfalten.« ... [XVI,1]

Empfehlung der Bescheidenheit und Demut. – Alle wunderten sich, als sie sahen, daß ein so wohlgestalteter junger Mann, allem Anschein nach, nichts tat, was des Lobes würdig gewesen wäre. Man erwartete von ihm Großartiges, die Werke eines tüchtigen Mannes. Als ein Kind aber *wuchs er heran und seine Weisheit nahm zu, und er fand Gefallen bei Gott und den Menschen* (Lk 2,52). Nun aber, herangewachsen und bis zum zwanzigsten, ja fünfundzwanzigsten Lebensjahr und darüber hinaus gelangt, vollbrachte er keine Werke, die irgendeine besondere Tüchtigkeit oder einen männlichen Vorzug verraten hätten. Sie staunten und verlachten ihn; er galt bei allen für gering und verachtenswert. Trefflich hatte der Prophet in bezug auf ihn gesagt: *Ich aber bin ein Wurm und kein Mensch, der Leute Spott, vom Volk verachtet. Alle, die mich sehen, verlachen mich, verziehen die Lippen, schütteln den Kopf* (Ps 22,7f.). Er wollte sich bei allen gering und verachtenswert machen. Erscheint dir das als etwas Bedeutungsloses? Ihm selbst macht es nichts aus; für uns aber gibt es kaum etwas Größeres noch Schwierigeres. Auf die höchste und schwierigste Stufe scheint uns der gelangt zu sein, der sich mit Herz und Geist, tatsächlich, nicht nur scheinbar, so überwindet und seinen Geist und auch den stolzen Hochmut seines Fleisches so beherrscht, daß er auch nicht einen Augenblick etwas gelten will, sondern als verachtenswert und gering abgelehnt zu werden begehrt. Solange du nicht bis zu dieser Stufe gelangt bist, sollst du nicht glauben, irgend etwas geleistet zu haben. Denn weil wir in Wahrheit nach dem Wort des Herrn alle unnütze Knechte sind, selbst wenn wir Gutes getan haben, stehen wir noch lange nicht auf dieser Stufe der Niedrigkeit, ja sind nicht in der Wahrheit, sondern stecken und wandeln in eitler Leere. ... [XVI,2]

CHRISTUS ARBEITET MIT SEINEN HÄNDEN. – Aber kommen wir auf die Taten und das Leben Jesu, unseres Spiegels, zurück, denn das ist das Wichtigste an unserem Vorhaben. Vergegenwärtige dir deshalb und betrachte, was jene kleine, über allen anderen gesegnete kleine Familie, für ein armseliges und demütiges Leben führte. Der alte Josef zog aus dem Zimmermannshandwerk, soviel er konnte; die Herrin ihrerseits arbeitete gegen Entgelt am Spinnrocken und mit der Nadel; sie bereitete ihrem Mann und ihrem Sohn die Mahlzeiten und besorgte die übrigen nötigen Hausgeschäfte, deren es viele gab, weil sie keine Dienstboten hatte. Fühle daher mit ihr, weil sie sich so anstrengen und mit ihren Händen arbeiten mußte. Fühle auch mit Jesus, unserem Herrn, weil er ihr so treu half und im Hause arbeitete, soviel er konnte: *Der Menschensohn,* so sagt er selbst, *ist nicht gekommen, um sich bedienen zu lassen, sondern um zu dienen* (Mt 20,28). Betrachte ihn deshalb gut, wie er die niedrigen Dienste im Haus tat, betrachte auch die Herrin und den alten Josef, wie sie für das Lebensnotwendige arbeiteten. Dazu schreibt Basilius: »Selbst vom frühen Alter an gehorchte er den Eltern, indem er alle aufgetragene leibliche Mühsal demütig und ehrerbietig auf sich nahm. Da sie aber angesehene, gerechte und dennoch arme Leute waren, die Mangel am Nötigsten litten, wie die Krippe bezeugt, ist es klar, daß sie körperliche Anstrengungen nicht scheuten, weil sie sich das Lebensnotwendigste verschaffen mußten. Jesus aber, der auch im Ertragen von Beschwerlichkeiten gehorsam war, unterwarf sich ihnen auch darin bedingungslos.« [XVI,8]

11. DIE TAUFE DES HERRN

DER ORT DER TAUFE CHRISTI. – Nachdem Jesus neunundzwanzig Jahre so beschwerlich und unbeachtet gelebt hatte und schon ins dreißigste Jahr ging – *in jenen Tagen* (Mt 3,13) nämlich, in denen Johannes vor seiner Gefangennahme taufte und predigte, sagte Jesus zu seiner Mutter, es sei nun Zeit für ihn, zu gehen und seinen Vater zu verherrlichen und zu offenbaren. Jetzt müsse er sich der Welt, der er so lange verborgen geblieben war, zeigen, um das Heil der Seelen zu erwirken, denn dazu hatte der Vater ihn gesandt. Und nachdem er von ihr und seinem Nährvater Josef ehrfurchtsvoll Abschied genommen hatte, *kam er von Nazaret in Galiläa* (Mk 1,9) nördlich von Jerusalem, wo er aufgewachsen war, und begab sich an die Stelle am Jordan, wo Johannes taufte, nicht weit von Jericho, im Osten von Jerusalem. ... [XXI,1]

DIE DEMUT DES JOHANNES, DER ES ABLEHNT, CHRISTUS ZU TAUFEN. – Christus sagte zu Johannes, der die Sünder taufte: Ich bitte dich, mich zusammen mit diesen zu taufen. Johannes blickte ihn an, und als er im Heiligen Geist durch göttliche Offenbarung erkannte, daß dieser wahrer Gott und wahrer Mensch sei, sündelos und deshalb der Taufe nicht bedürftig, daß er vielmehr die anderen von der Sünde reinigen werde, da fürchtete er sich und erschrak. Und damit der Soldat die Demut des Königs nachahme, sagte er, um ihn aus Ehrerbietung an der Taufe zu hindern: Herr, *ich,* ein Irdischer, *müßte von dir,* dem Himmlischen, der die Taufe nicht nötig hat, *getauft werden*, denn ich habe es nötig, getauft zu werden, *du* aber, dessen Zeugung ohne Makel ist, *kommst zu mir,* um getauft zu werden (Mt 3,14)? Du bist größer und bist der Herr, ich bin geringer und der Diener; eher müßte ich zu dir kommen, nicht aber du zu mir. Du bist rein und du reinigst alles; nicht du mußt von mir, sondern ich muß von dir gereinigt und getauft werden. Ich bin ein Mensch, du bist Gott. Ich als Mensch bin ein Sünder, du als Gott bist ohne Sünde. Warum willst du von mir getauft werden? Ich verweigere den Gehorsam nicht, aber das Geheimnis bleibt mir verschlossen. Ich taufe die Sünder, die Buße tun; du aber, der du keine Sündenschuld hast, warum willst du von mir getauft werden? Mehr noch, warum willst du wie ein Sünder getauft werden, der du gekommen bist, Sünden zu vergeben? Dazu schreibt Bernhard: »Du willst getauft werden, Herr Jesus? Warum bedarfst du der Taufe? Dient denn das Heilmittel den Gesunden oder zur Reinigung der Welt? Woher kommt dir eine Sünde, die der Taufe bedarf? Wie kann das Lamm ohne Makel einen Makel haben?« ... [XXI,5]

Was ist Gerechtigkeit im verborgenen Sinn? – Gewiß prüfte der Herr den treuen Gehorsam seines Knechtes, aber er offenbarte auch das Mysterium seines Amtes, indem er sagte: *Laß es nur zu,* das heißt erlaube mir, von dir mit Wasser getauft zu werden, damit du bald darauf von mir mit dem Geist getauft werdest, denn was ich tue, ist ein Geheimnis. Nach Chrysostomus geht daraus hervor, daß Christus später

Johannes getauft habe. *Laß es nur zu,* damit ich, der ich Knechtsgestalt angenommen habe, auch demütig bin wie ein Knecht. Und er fügte hinzu: *Denn nur so,* indem ich, der Höhergestellte und der Taufe nicht Bedürftige, sie von dir annehme, *sollen wir,* ich sie annehmend und du taufend, *alle Gerechtigkeit erfüllen* (Mt 3,15) und dadurch ein Beispiel geben. Und hier wird Gerechtigkeit nicht als eine besondere, im Gegensatz zur Habgier stehende Tugend aufgefaßt, sondern allgemein, als jede Tugend oder die Vollendung aller Tugenden miteinschließend. Das meint Chrysostomus, wenn er sagt: Wir haben schon alle Gesetzesvorschriften erfüllt und kein Gebot jemals übertreten. Dieses eine aber fehlte bisher noch und muß also hinzufügt werden, damit alle Gerechtigkeit von uns erfüllt werde. Er nennt hier die Gerechtigkeit eine Ergänzung aller Gebote und zeigt, wie die wahre Gerechtigkeit sich darin zeigt, daß der Herr und Meister selber sich jedem zu unserem Heil eingesetzten Sakrament unterwirft. Das Gebot, soweit es für die Menschen bestand, verlangte von ihnen, sich von dem Propheten taufen zu lassen. Oder *alle Gerechtigkeit* erfüllen heißt auch für jeden einzelnen, das Seine tun. Wer nämlich die Taufe Christi empfängt, der erbarmt sich seiner Seele, denn er ist Gott wohlgefällig, wenn er das Heilmittel annimmt und sich demütig seinem Schöpfer unterwirft: Er gehorcht seiner Anordnung, erbaut so durch sein Beispiel den Nächsten und führt ihn zum Guten. Auf diese Weise *erfüllt sich* nämlich *alle Gerechtigkeit,* weil er das Gott, sich selbst und dem Nächsten Geschuldete tut. Oder *alle Gerechtigkeit* erfüllen heißt auch, als erster tun, was nachher andere tun sollen, als sagte er: Deshalb unterwerfe ich mich jetzt dir, dem Geringeren, damit die Größeren nicht verschmähen, von Geringeren getauft oder geleitet zu werden. ... [XXI,6]

Wie sich bei der Taufe Christi der Himmel öffnete. – Fast *das ganze Volk* jener Gegend, nämlich viele aus dem ganzem Volk, *ließ sich* von Johannes *taufen; als aber Jesus* von Johannes *getauft war* und aus dem Wasser stieg, für die Täuflinge *betend*, daß sie den Heiligen Geist empfingen, da *öffnete sich über ihm der Himmel* (Lk3,21), das heißt, ein unvergleichlicher Glanz umgab Christus, ein helles Leuchten umstrahlte ihn, als stünde der empyreische Himmel offen und als ergösse sich, nachdem Äther und Sternenhimmel sich geöffnet hatten, der Glanz des empyreischen Himmels auf die Erde. Nicht, als wäre der Himmel dann geteilt gewesen; jene Öffnung befand sich nämlich nicht im Himmelsgewölbe, sondern in der Luft; aber der Himmel schien wie aufgetan, wie es gewöhnlich bei einem Blitz geschieht, bei dem sich der Himmel zu öffnen scheint. Dadurch wurde bedeutet, daß sich denen, die an Christus glauben, die himmlische Herrlichkeit auftut, und denen, die getauft werden, die Tür zum Himmelreich offensteht, nämlich der Zugang zum Himmel, der dem Menschen um seiner Sünde willen verschlossen war. ... [XXI,11]

Der heilige Geist kommt in Gestalt einer Taube herab. – *Und der Heilige Geist kam* sichtbar in Gestalt einer Taube *herab* (Lk 3,22) und ruhte auf ihm, indem er sich auf sein Haupt niederließ. *Er kam herab,* sage ich, nicht als Gnadengabe, denn er war vom ersten Moment seiner Empfängnis an voll des Heiligen Geistes, er kam vielmehr als ein sichtbares Zeichen herab und das aus dreifachem Grund: erstens, um den anderen zu verkünden, daß in ihm die Fülle der Gnade wohne; zweitens, um zu bestätigen, daß bei der Taufe der Heilige Geist den Hinzutretenden nicht bloß scheinbar eingesenkt wird, und drittens, um zu zeigen, daß er selber es ist, der mit Heiligem Geist tauft und vom Schmutz reinigt. Er erschien aber in der leiblichen Gestalt einer Taube, weil er sanft und einfältig ist, ohne jede Galle und Bitterkeit, und weil er kam, um uns in Sanftmut zu sammeln und kundzutun, daß er bei den Sanftmütigen und Demütigen Wohnung nimmt. Daher erschien er auch in Gestalt einer Taube, um darauf hinzuweisen, daß in den Menschen, die Gottes Liebe besitzen, die vornehmlich in der Taube ist, der Heilige Geist wohnt. ... [XXI,12]

Die Stimme des Vaters empfiehlt den Sohn. – *Und die Stimme* des Vaters, die für den Sohn Zeugnis ablegte, wird *aus dem Himmel,* das heißt aus einer Wolke vernommen: *Das ist mein geliebter Sohn,* vor allen anderen, weil er nicht wie die anderen an Kindesstatt angenommen, sondern mein eingeborener Sohn ist. Dazu meint Chrysostomus: »Jedenfalls ist er nicht sein Sohn aus Gnade oder als erwähltes Geschöpf, sondern aufgrund seiner Herkunft und dem Wesen seiner Natur.« Und wie Hieronymus sagt: »Eine Taube ließ sich auf sein Haupt nieder, damit niemand denke, die Stimme des Vaters richte sich an Johannes und nicht an den Herrn. *An dem habe ich Gefallen gefunden* (Mt 3,17), das heißt, in ihm wird mein Wille zum Heil des Menschengeschlechts Erfüllung finden. Ein anderer Evangelist aber sagt es so: *Du bist mein geliebter Sohn, an dir habe ich Gefallen gefunden* (Lk 3,22), das heißt, in dir und durch dich habe ich beschlossen, was mir zu tun gefällt und was vollbracht werden muß, nämlich die Erlösung des Menschengeschlechts. Oder: er hat mein Gefallen gefunden heißt auch, er gefiel ganz und gar. Nichts an ihm hat Gott je mißfallen, wie etwa an uns, die wir früher *von Natur Kinder des Zorns* (Eph 2,3) waren.« Bernhard schreibt in diesem Zusammenhang: »Dieser ist es wahrhaftig, an dem nichts ist, was dem Vater mißfällt und die Augen der göttlichen Majestät verletzt, wie er selbst es sagt: *Ich tue allzeit, was ihm gefällt* (Joh 8,29). Gib uns, Jesus, der du dem Vater immerdar gefällst, daß wir durch dich selber dem Vater zu gefallen gewürdigt werden.« Nach Bedas Ausführungen währte der Glanz so lange, wie die Stimme des Vaters zu hören war; und mit ihr erlosch er. [XXI,13]

12. DAS FASTEN DES HERRN UND SEINE VERSUCHUNGEN

WARUM WÄHLTE CHRISTUS DIE WÜSTE, UM MIT DEM TEUFEL ZU KÄMPFEN? – Nachdem *Jesus* getauft war, *verließ er, erfüllt vom Heiligen Geist, die Jordangegend* (Lk 4,1) – in der Fülle des Übermaßes, *aus dessen Fülle wir alle empfangen haben* (Joh 1,16). *Dann*, das heißt unmittelbar darauf und ohne Verzug, wurde er *in die Wüste geführt* (Mt 4,1) auf einen gewissen Berg von ungewohnter Höhe, der Quarantena heißt und zwischen Jericho und Jerusalem liegt, von Jericho zwei und von Jerusalem etwa zwölf Meilen entfernt. In die Wüste ging der Herr, um mit dem Teufel zu kämpfen und uns zu zeigen, daß wer sich von den Fallstrikken der Versuchungen völlig befreien will, zuweilen nicht nur der Schar der Dämonen, sondern auch der Gesellschaft schlechter Menschen – oftmals leiblich, immer aber geistig – ausweichen und sie meiden muß. Nach dem Vorbild dessen, der, an den Königshof und unter die Volksmenge versetzt, sprach: *Ja, fernhin wollte ich flüchten, wollte herbergen in der Wüste* (Ps 55,8). ... [XXII,1]

Vom Fasten Christi und den fünf Heilmitteln, die er für uns angenommen hat. – Als der Herr in die Wüste kam, fastete er *vierzig Tage und vierzig Nächte* (Mt 4,2); in dieser Zeit aß er nichts. Wenn sinngemäß auch die Nächte hinzugefügt werden – denn es ist anzunehmen, daß er ohnehin nachts nichts gegessen hat –, dann als Zeichen dafür, daß es uns nottut, sowohl an Tagen des Glücks wie in Nächten des Elends uns gegen den Teufel zu wappnen, der nie aufhört, mit Versuchungen gegen uns anzustürmen. Jesus fastete auch, um uns ein Beispiel des Fastens wider die Versuchungen zu geben – nach Basilius, ist Nüchternheit im Kampf gegen die Anfechtungen vonnöten –; im besonderen aber fastete er, um zu zeigen, daß die Taufunschuld durch ein Leben der Wollust gefährdet wird: Denn jene, die Christus angehören, die getauft und Glieder des Leibes Christi sind, die Christus angezogen haben, in seinen Tod mitbegraben sind, müssen ihr Fleisch mit seinen Begierden kreuzigen und sich für solche halten, die der Erde abgestorben sind, indem sie das Fleisch durch den Geist abtöten. ... [XXII,4]

Der Teufel tritt heran, um Christus dreimal zu versuchen. – Als der Teufel merkte, daß der Herr Hunger litt, trat er heran, um zu prüfen, ob er ihn in die Sünde stürzen könne, und auch um herauszufinden, ob er der Sohn Gottes sei. Denn er wußte, daß dieser irgend einmal kommen und er dann durch ihn seine Macht verlieren würde. Und wie Gregor meint, versuchte der Teufel den Herrn auf dieselben drei Arten, durch die er den ersten Menschen zu Fall gebracht hatte. Den ersten Menschen besiegte er durch die Gier nach dem verbotenen Apfel; durch eitle Prahlerei: *Ihr werdet sein wie Gott;* durch die Habsucht, indem er sprach: *Ihr werdet Gut und Böse erkennen* (Gen 3,5) – als Habsucht wird nämlich auch die Wissensgier und der Ehrgeiz bezeichnet. So versuchte er den Herrn, zog sich aber besiegt zurück. David streckte Goliat mit drei Steinen aus dem Bach nieder, Christus den Teufel mit drei Zeugnissen aus dem Gesetz. Und während nach Gregor die Versuchung auf drei Arten geschieht, nämlich durch Einflüsterung, durch den Genuß und durch die Zustimmung, wurde der Herr nur durch Einflüsterung versucht, weil sündiger Genuß seinen Geist nicht anfocht, und die Einwilligung ihn nicht überwand. So erfolgte diese ganze Versuchung äußerlich, nicht in seinem Inneren, da er nichts Widersprüchliches in sich duldete. Ob sich aber alle diese Versuchungen an einem oder an verschiedenen Tagen ereigneten, darüber sagt die Heilige Schrift nichts. [XXII,9]

ERSTE VERSUCHUNG: DURCH GAUMENLUST. – Zuerst versuchte der Teufel Christus durch die Gaumenlust und sagte: *Wenn du Gottes Sohn bist,* der eingeborene, und folglich ihm gleich an Macht, *so befiehl, daß aus diesen Steinen Brot wird* (Mt 4,3). Er überlegte nämlich bei sich und meinte: Wenn er die Steine in Brot verwandelt, ist er der Sohn Gottes, kann er sie aber nicht verwandeln, ist er offenkundig nur ein Mensch. Entsprechend wandte sich der Teufel an den Hungernden, damit er beim Anblick des Brotes durch unmäßige Gier zum Essen erregt würde. Er wollte also nicht nur erfahren, ob jener Gott sei, sondern auch den Menschen verlocken, sich aus Hunger ungebührlich an der Speise zu ergötzen und so durch das Laster der Gaumenlust zu sündigen. Dazu schreibt Hilarius: »Der Fürst der Dämonen beabsichtigte, an der Verwandlung der Steine in Brot die Stärke der Macht Gottes zu erkennen, im Menschen aber, durch die Verlockung der Speise, die Ausdauer im Hungern zu überlisten. Aber der Teufel vermochte den Meister nicht zu täuschen. Dieser antwortete ihm nämlich derart, daß er ihn weder zur Gaumenlust verführen noch seine Gottheit auf die Probe zu stellen vermochte. Der Herr erlag der Versuchung nicht, denn weder leugnete noch behauptete er, der Sohn Gottes zu sein, vielmehr besiegte er den Versucher durch die Autorität der Heiligen Schrift, indem er sagte: *Nicht nur vom Brot,* also dem Leibe nach, *lebt der Mensch* und wird er erhalten, *sondern von jedem Wort, das aus Gottes Mund kommt* (Mt 4,4), weil Gott seinen Willen durch die Schriften kundtut.« ... [XXII,10]

ZWEITE VERSUCHUNG: DURCH EITLE RUHMSUCHT. – ... Beachte, daß nach einem Glossar der Teufel Christus auf dem Tempel durch eitle Ruhmsucht versuchte, an dem Ort nämlich, wo er viele auf dem Lehrstuhl der Doktoren durch eitle Ruhmsucht getäuscht hatte. Und weil er Ähnliches, wie das oben Erwähnte, ausfindig machen wollte, versuchte er den Herrn durch eitle Ruhmsucht und sprach zu ihm: *Wenn du Gottes Sohn bist, so stürze dich hinab* (Mt 4,6); als wollte er sagen: In eigener Macht kannst du dich ohne Gefahr hinabstürzen, schon deshalb, weil Engel dir dienen und dich behüten werden. Er meinte, wenn Jesus durch die Luft fliegend unverletzt hinabschwebte, so wäre er der Sohn Gottes; also redete er ihm zu, sich hinabzustürzen, damit, wenn er hinunterstürzte und sich nicht verletzte, die Menschen staunten und ihn als Sohn Gottes verehrten, was ihm zum Anlaß leerer Ruhmsucht würde, da die ganze Stadt ihn loben und preisen würde. Eine wahrhaft teuflische Stimme, die nicht zum Aufstieg in den Himmel, sondern zum Abstieg auffordert und den Geist des Menschen von der höheren Stufe der Verdienste hinabzustürzen strebt. Jene, die er täuscht, ermuntert er nämlich nicht, nach oben zu steigen, sondern fordert sie auf, sich hinabzu-stürzen, weil er, der als erster gefallen ist, will, daß alle fallen. Sache des Teufels ist es, jene, die stehen, hinabzustürzen, während Gott die Gestürzten aufrichtet. Indem er aber sagt: *Stürze dich hinab,* zeigt er seine Schwäche, weil er keinem schaden kann, der sich nicht selbst hinabstürzt. Denn derjenige, der sich wünscht, daß alle hinabfallen, kann sie zwar dazu überreden, aber hinabstürzen kann er sie nicht. Daher meint Chrysostomus: »Er sagte nicht: *Ich stürze dich hinab,* damit er nicht den Anschein erwecke, Gewalt anwenden zu wollen, sondern: *stürze dich hinab,* damit offenkundig werde, daß jeder einzelne von uns durch freie Entscheidung und die Schuld seines Willens in den Tod stürzt. Sicher ist es jenem eigen, uns überreden zu wollen; aber an uns ist es, seinen Einflüsterungen durch die Beachtung des Gesetzes zu widerstehen.« [XXII,12]

DRITTE VERSUCHUNG: DURCH HABSUCHT. – Deshalb also, nach Bernhard, weil der Herr seine Gottheit nicht zur Schau stellte, versuchte ihn der Feind, da er den

Herrn für einen Menschen hielt, zum drittenmal als Menschen. Er nahm ihn nämlich von da mit und führte ihn *auf einen sehr hohen Berg,* zwei Meilen vom Berg Quarantena in Richtung Galiläa, damit der Ort der Versuchung entspräche: In der Wüste, wo Hunger herrscht, versuchte er ihn durch Gaumenlust, auf der Tempelzinne, wo sich im übertragenen Sinn der Lehrstuhl der Doktoren befindet, durch eitle Ruhmsucht, und auf dem Berg, von dem aus die vergänglichen Güter gesehen werden, versuchte er ihn durch Habsucht. *Er zeigte ihm alle Reiche der Welt* (Mt 4,8). ... Dazu bemerkt Ambrosius: »Einen Augenblick nur werden die weltlichen und irdischen Dinge gezeigt, womit nicht sosehr die Kürze des Anblicks betont wird, als vielmehr das Zerbrechliche und Hinfällige der Macht zum Ausdruck kommt. In einem Augenblick vergeht nämlich all das, und oft schwindet der Glanz dieser Welt, ehe er gekommen ist. Der Teufel versuchte ihn, den Herrn aller Dinge, durch Habsucht; voll Arroganz und Prahlerei versprach er lügnerisch, was er nicht geben konnte mit den Worten: *Das alles will ich dir geben* (Mt 4,9) und dich zum König machen, *wenn du dich* als der Untergebene *vor mir niederwirfst und mich anbetest* als den Überlegenen, was tatsächlich fallen und sich dem Teufel unterwerfen hieße.« Dazu schreibt Chrysostomus: »Nichts aber läßt den Menschen sich dem Teufel so unterwürfig machen wie die Gier nach Reichtum und die Herrschsucht.« Und nochmals Chrysostomus: »Die Reiche der Welt verspricht er jenem, der den Glaubenden das Himmelreich bereitet hat; zeitlichen Ruhm verheißt er dem, der Herr der himmlischen Herrlichkeit ist; das Weltall verspricht er dem, der nichts hat und doch alles besitzt; er befiehlt dem, ihn auf Erden anzubeten, den im Himmel die Engel und Erzengel anbeten.« Und in einem Glossar heißt es: »Beachte den uralten Hochmut des Teufels: So wie er sich am Anfang hat Gott ähnlich machen wollen, so wollte er sich nun göttliche Verehrung widerrechtlich verschaffen.« [XXII,16]

DER DIENST DER ENGEL. – Als der Sieg errungen und der besiegte Verführer beschämt gewichen war, kamen die Engel zurück, um Christus zu dienen und sich ihm im Gehorsam zu unterwerfen. *Sie kamen und dienten ihm* (Mt 4,11), wie wirklich dem Herrn gehörende Diener erfüllten sie seinen Willen. Auf den Befehl des Herrn hatten sie sich eine Zeitlang zurückgezogen und seinen Kampf aus der Ferne beobachtet, damit seine Gottheit dem Teufel eher verborgen bleibe und dieser einen günstigen Ort zur Versuchung fände und nicht etwa durch die Anwesenheit der Engel abgehalten würde, sich ihm zu nähern. Und auch, damit der Sieg Christi sich als hervorragender erwiese, weil er allein den Teufel besiegte, daß es also nicht schiene, als hätte er der Hilfe der Engel bedurft oder nur dank ihrer gesiegt. Die Versuchung ging voraus, damit der Sieg folge; sogleich nach dem Sieg dienten die Engel, um die Würdigkeit des Siegers zu bestätigen. Dadurch wurde die Gottheit Christi offenbar und erkennbar, weil keine Natur außer der göttlichen über jener der Engel steht. ... [XXII,26]

13. DAS ERNEUTE ZEUGNIS DES JOHANNES FÜR CHRISTUS UND DIE ERSTE BERUFUNG DER JÜNGER ...

DER HERR WENDET SICH NACH DEN BEIDEN IHM FOLGENDEN JÜNGERN UM. – *Die beiden Jünger hörten den*

Täufer reden und glaubten dem Meister, der Jesus verkündete, ihn empfahl und für ihn Zeugnis ablegte. Sie *folgten Jesus* (Joh 1,37) auf das Wort des Johannes hin, um mehr auf jenen als auf Johannes zu hören. Sie freuten sich, endlich den gefunden zu haben, von dem sie Johannes so oft hatten sprechen hören. Sie verließen Johannes und folgten ihm – nicht nur mit den Schritten ihrer Füße, sondern auch in der Ergebenheit des Glaubens und in der Nachahmung der Werke. Ihm, von dem sie durch das Zeugnis des Johannes wußten, daß er auch dessen Lehrer war, wollten sie sich anschließen und seine Lehre hören. Bewundere die schlichte, demütige und willige Nachfolge der Jünger, die ohne jeden Einwand und jede Nachforschung geschieht. Gesegnet sei der Herr, der in seinem Verlangen nach ihrem und aller Heil *sich,* in seiner Güte, *zu ihnen umwandte,* mit der er sich immer denen zuwendet, die sich ihm zuwenden, und die aufnimmt, welche zu ihm kommen. *Und als er* mit den Augen der Barmherzigkeit und der Güte *sah, daß sie ihm folgten, fragte er sie,* um ihnen Selbstvertrauen zu geben und Mut zu machen: *Was sucht ihr?* (Joh 1,38). Als wollte er sagen: Ich stehe zu eurer Verfügung. Er fragte nicht: Wen sucht ihr?, weil sie über seine Person durch Johannes im klaren waren; sondern sagte: Was sucht ihr?, denn er wußte, daß sie etwas über das Heil erfahren wollten. Er fragte nicht aus Unwissenheit, damit er etwas erfahre, sondern um sie durch seine Frage mit ihm vertrauter zu machen und sie aufgrund ihrer Antwort besser zu leiten. Daß sich der Herr zu ihnen umwandte, sie anblickte und mit ihnen sprach, war ein Zeichen seiner Weisheit und seines Wohlwollens; er wußte nämlich, mit welchem Verlangen sie ihm folgten. Damit wird uns verständlich gemacht, daß

Christus alle, die sich anschicken, ihm reinen Herzens nachzufolgen, mit Vertrauen und mit der Hoffnung auf Erbarmen erfüllt. Und er wendet sich um zu ihnen, um ihnen den Reichtum seines Erbarmens zu schenken. Dazu meint Chrysostomus: »Das lehrt uns, daß er uns viele Gelegenheiten zu unserem Heil gibt, wenn wir guten Willen zeigen.« Und Theophilus schreibt: »Erwäge auch, daß der Herr den ihm Nachfolgenden sein Angesicht zuwandte und zurückschaute: denn wenn du ihm nicht durch gute Werke nachfolgst, wird dir die Schau seines Angesichts nicht zuteil, noch wirst du je zu seinem Haus gelangen.« [XXIV,2]

CHRISTUS BLICKT SIMON, DEN BRUDER DES ANDREAS, AN. – *Und Andreas führte Simon zu Jesus,* das heißt zum Erlöser, weil er sich selbst nicht zutraute, jenen hinreichend unterweisen zu können. Daraus hat die Kirche gelernt, bei der Taufe und bei der Firmung die Anwärter für das Sakrament durch Begleiter vorstellen zu lassen, die man Paten zu nennen pflegt. Jesus empfing ihn voller Freude, er wußte nämlich, was aus jenem gemacht werden sollte. Betrachte hier die Demut und den Gehorsam des Petrus, der als der Ältere nicht verschmähte, dem Jüngeren zu folgen, sondern sofort herbeilief und ohne Zögern gehorchte. *Jesus blickte ihn* mit den Augen der Barmherzigkeit *an* (Joh 1,42), nicht nur äußerlich, sondern auch innerlich. Als er die Hingabe in seinem Herzen sah, sagte *er zu ihm: Du bist Simon,* das heißt: *wahrhaft gehorsam,* so als sagte er: Dein Name entspricht deiner Bestimmung, denn *Sohn des Johannes* oder Bar-Jona heißt, *der, in dem seine Gnade ist* oder *Sohn der Taube.* Als sagte er: Dieser Beiname paßt zu deinem Namen, weil der wirklich Gehorsame Sohn der Gnade des Heiligen Geistes ist, und diese wird durch die Taube bezeichnet. Mit Recht wird Simon Sohn des Johannes oder Bar-Jona genannt. Denn Simon wird als *gehorsam* gedeutet, Johannes als *Gnade*, Bar als *Sohn* und Jona als *Taube*, als sagte Jesus zu ihm: Als Sohn der Gnade oder als Sohn der Taube, das heißt des Heiligen Geistes, bist du gehorsam, denn durch die Gnade des Heiligen Geistes hast du die Demut erhalten, mich sehen zu wollen, als Andreas dich rief. Diese Namen entsprechen also dem Geheimnis; denn sie legen uns nahe, daß der Gehorsam für die Bekehrung im Glauben zu Christus notwendig ist und die Menschen durch Gnade zu diesem Glauben an Christus gelangen, wir aber durch den Heiligen Geist in der Liebe zu Gott gefestigt werden. [XXIV,6]

DIE BERUFUNG DES PHILIPPUS. – *Am Tag darauf,* nach der Berufung des Petrus und Andreas, *wollte Jesus* vom oft genannten Judäa, wo Johannes taufte, *nach Galiläa aufbrechen* (Joh 1,43), in die Heimat, aus der er die Jünger berief, und zu seiner dort zurückgelassenen Mutter. *Da traf er Philippus*, einen Mitbürger *von Andreas und Petrus aus Betsaida* am See Gennesaret (Joh 1,44). Das entspricht dem Geheimnis, denn Betsaida wird als *Haus der Jäger* gedeutet, was zeigen soll, daß er vom Haus der Jäger aus, gleich den Jägern, zum Fang der Seelen, zum Leben aufrief. Er traf Philippus nicht zufällig, gleichsam als Unbekannten, sondern nachdem er ihn gemäß seiner Bestimmung mit Absicht gesucht hatte, damit er ihn erleuchte und zum Glauben berufe; woraus folgt: *Und Jesus sagte zu ihm: Folge mir nach* (Joh 1,43), was nach Alkuin seiner Weisung folgen und sein Beispiel nachahmen heißt. Derjenige nämlich folgt ihm nach, der seine Demut und sein Leiden nachahmt, damit er an seiner Auferstehung und Himmelfahrt teilhabe. Philippus also folgte ihm sofort, ohne jeden Widerspruch, gehorsam wie ein guter Gefolgsmann. Nach diesen Worten scheint Philippus als erster von allen Aposteln berufen worden zu sein. Die vier zuerst genannten, nämlich Andreas und der andere Jünger, dessen Name verschwiegen wird, Petrus und Philippus waren Jünger des Johannes, die sich Jesus anschlossen, nachdem sie das Zeugnis des Johannes über ihn vernommen hatten. [XXIV,8]

14. DIE VERWANDLUNG VON WASSER IN WEIN

CHRISTUS EHRT DIE HOCHZEIT DURCH SEINE ANWESENHEIT. – Im folgenden – seinem einunddreißigsten – Jahr begann Jesus, sich der Welt mit wunderbaren Zeichen zu offenbaren. Und um als erstes die Ehe zu segnen, besuchte er eine Hochzeit und verwandelte Wasser in Wein; das tat er am selben Tag, an dem er getauft wurde, doch im Jahr darauf. Durch seine leibliche Gegenwart und mehr noch durch den Beginn seiner Zeichen wollte der Herr die Ehe, die er eingesetzt hatte, als etwas Erlaubtes und Schönes ehren und empfehlen, damit sie die Häretiker weder zu verachten noch zu verurteilen wagten. ... Blicke also auf den Herrn Jesus unter den anderen Gästen, wie er mit dem Volk ißt und demütig auf dem letzten Platz, also nicht unter den Angesehenen, sitzt. Denn später wird er lehren: *Wenn du zur Hochzeit eingeladen bist, setz dich lieber ... auf den untersten Platz* (Lk 14,10). Das begann er *zu tun,* bevor er es *lehrte* (vgl. Apg 1,1). [XXV,1]

DAS AUSGEHEN DES WEINES UND MARIAS VERMITTLUNG. – Blicke auch auf die dienstbereite Herrin, die dafür besorgt war, daß alles richtig und ordentlich zuging. Als sie fast am Ende der Hochzeitsfeier den Wein ausgehen sah, ging sie zu ihrem Sohn und sagte zu ihm: *Sie haben keinen Wein mehr* (Joh 2,3). Es ist anzunehmen, daß es nicht zufällig und von ungefähr geschah, daß der Wein ausging, da ja der Herr bei der Hochzeit anwesend war, vielmehr ergab sich so die Gelegenheit für ein Wunder. Als die heilige Gottesgebärerin einsah, daß nunmehr die Zeit seines Mannesalters gekommen war, da er sich der Welt durch seine Wunder als Gott zu erkennen geben wollte, er also nicht mehr für den Sohn Josefs, sondern den Sohn Gottes und der Jungfrau Maria zu halten sei, sprach sie: *Sie haben keinen Wein mehr*, das heißt, nicht genügend. Als sagte sie: Mein Sohn, es fehlt hier an Wein. Sie deutete nur den Mangel an, ohne eine Bitte zu äußern, im Wissen, daß es bei einem Liebenden genügt, ohne jegliches Bitten auf die Notlage hinzuweisen. Daher sagte sie nicht: Gib ihnen Wein, damit die Ehrfurcht vor dem Sohn gewahrt bliebe, sondern setzte ihre Hoffnung auf die Freigebigkeit und das Erbarmen des Sohnes, wies ihn also nur auf den Mangel hin. Aus ihrem gütigen Herzen heraus wollte sie dem gänzlichen Ausgehen des Weines zuvorkommen, so daß keine Verlegenheit entstünde. Und darum forderte sie den Sohn auf, von dem sie wußte, daß er die Macht dazu besaß. Erfüllt vom Heiligen Geist sah sie das Wunder schon voraus, das ihr Sohn wirken würde. Denn nach Hieronymus ermahnte sie ihn eigentlich, das zu tun, was er im Sinn hatte. ... [XXV,2]

Das Vertrauen Mariens. – ... Maria trat zu den Dienern, die auf der Hochzeit ihren Dienst verrichteten, und schickte sie vertrauensvoll zu ihrem Sohn mit den Worten: *Was er euch sagt, das tut!* (Joh 2,5). Sie erwartete die Erfüllung ihrer Bitte zu der von ihrem Sohn als günstig erkannten Stunde. Als wollte sie sagen: Wenn er die Bitte auch zurückzuweisen scheint, wird er sie dennoch erfüllen. Sie ersah nämlich aus jenen Worten des Herrn [*Was willst du von mir, Frau? Meine Stunde ist noch nicht gekommen* (Joh 2,4)], daß er nicht unwillig war, und gebot deshalb den Dienern voll Vertrauen, die Anweisungen des Sohnes zu befolgen. Denn sie kannte sein großes Erbarmen und seine Güte, wußte, daß er mit den Bedürftigen Mitleid hat und tun wird, worum man ihn bittet, selbst wenn er schroff zu reden und abweisend zu sein schien. Es ist die gesunde Lehre der Jungfrau Maria, daß wir Christus stets gehorchen sollen; daher werden wir ermahnt, am Herrn nicht zu verzweifeln, falls er auf unser Gebet auch härter zu antworten scheint, sondern sollen mit der seligen Jungfrau Maria vertrauensvoll seine Barmherzigkeit erwarten. ... [XXV,4]

Der Zweck des Wunders. – Dieses Wunder wirkte Christus als erstes, um die Wahrheit seiner in ihm verborgenen Gottheit zu offenbaren und den Glauben der Jünger zu stärken. Und dies wird hier gesagt: *So tat Jesus sein erstes Zeichen,* das erste unter denen, die er selber wirkte; denn zuvor hatte der Vater die Zeichen auf ihn hin gewirkt. Deshalb ist es falsch, von den Zeichen im Kindesalter zu sprechen, wie das im Buch über die Kindheit des Erlösers und im Evangelium der Nazoräer geschieht. Er wirkte es aber in *Kana*, einer bestimmten Stadt der Provinz *Galiläa.* In dieser Stadt wird ein Ort gezeigt, wo die Wasserkrüge standen und sich ein Speisezimmer mit Tischen befand. Man steigt dort auf vielen Stufen in die Tiefen der Erde hinab, so wie es bei den meisten anderen heiligen Orten der Fall ist, was möglicherweise auf die häufigen Zerstörungen und Ruinen jener Orte zurückzuführen ist. *Und er offenbarte* durch dieses Zeichen *seine Herrlichkeit* (Joh 2,11), nämlich die glorreiche im Fleisch verborgene Gottheit, und in der Macht der Gottheit, durch die er dieses Wunder wirkte, wie herrlich er ist. Er zeigte durch die Wirkung seiner göttlichen Macht, daß er selbst Herr der Heerscharen, der König der Herrlichkeit, er selbst der Bräutigam der Kirche ist, ja daß er selbst es war, der alles aus dem Nichts zu schaffen vermochte und als der Herr, wenn er wollte, auch die Elemente verändern könnte. Um so, nach Chrysostomus, zu zeigen, daß er selber es ist, der im Weinberg das Wasser verwandelt, den Regen durch die Wurzel hindurch zu Wein werden läßt. Und was in der Pflanze über lange Zeit geschieht, das wurde auf der Hochzeit in einem Augenblick gewirkt. [XXV,8]

Die Jünger werden in ihrem Glauben gestärkt. – Als sie das Wunder gesehen hatten, *glaubten seine Jünger an ihn* (Joh 2,11), unerschütterlicher und vollkommener als vor dem Wunder. Er hatte nämlich, wie Johannes, erst wenige Jünger, die er in vertrauter Weise lehrte, die ihm aber noch nicht so unzertrennlich anhingen und so vollkommen glaubten wie nach dem Wunder. Wer jene aber gewesen sind, wissen wir nicht. Aufgrund ihrer Berufung, ihrer Nachfolge und der gegenseitigen Liebe zwischen Christus und ihnen werden sie Jünger genannt, oder weil sie später zu Jüngern wurden; denn auf das Wort des Johannes hin hörten ihn viele im verborgenen, die ihm bald darauf ganz nachfolgten. Man kann auch sagen, daß einige neu zum Glauben an ihn kamen und jene, die, wie Andreas und andere, schon vorher an ihn geglaubt hatten, im Glauben gefestigt worden sind. Dazu sagt Augustinus: »Die Heilige Schrift nennt nicht allein jene Zwölf seine Jünger, sondern alle, die an ihn glaubten und durch seine Lehre für das Himmelreich herangebildet wurden.« [XXV,9]

15. ERSTE VERTREIBUNG DER HÄNDLER AUS DEM TEMPEL ...

ER VERTRIEB DIE HÄNDLER UND KÄUFER AUS DEM TEMPEL. – *Im Tempel fand er die Verkäufer von Rindern, Schafen und Tauben und die Geldwechsler, die dort saßen* (Joh 2,14). Unter *Tempel* wird hier nicht das Haus des Herrn an sich verstanden, in dem sich ein Altar mit einem Räucherfaß und Kerzen befand, noch die Vorhalle der Priester, wo der Brandopferaltar stand, sondern eine Art Vorhalle, wo die Menschen beteten und die Schriftgelehrten unterrichteten. Dort wurde verkauft, was dann im Tempel dargebracht wurde. Und weil diese Opfergaben nicht von weither mitgebracht werden konnten, wurden von den Priestern, die aus Habsucht das Volk durch verschiedene Machenschaften ausbeuteten, Leute aufgestellt, die Opfergaben verkauften, damit die von weither Gekommenen keinen Grund hätten, den Erlaß der Opfergaben zu erlangen. Manche, die kamen, hatten auch kein Geld; also setzten die Priester dort auch Wechsler ein, die gegen ein Pfand Geld liehen und bei der Rückgabe über das Geliehene hinaus ein kleines Geschenk entgegennahmen, aber kein Geld, denn sie wollten nicht beschuldigt werden, gegen Zins zu leihen, was offenkundig gegen das Gesetz verstieß. – Jesus *machte* also *eine Geißel aus Stricken und trieb sie alle,* Händler und Geldwechsler, *aus dem Tempel hinaus, samt den Schafen und Rindern; er schüttete die Münzen der Geldwechsler* hier- und dorthin *und stieß ihre Tische um* (Joh 2,15), die eine Art Behälter für Denare waren. *Zu den Taubenhändlern sagte er: Schafft das hier* von diesem Ort *weg und macht* durch euer Tun *das Haus meines Vaters,* das ein Haus des Gebetes ist, *nicht zu einer Markthalle* (Joh 2,16) und einem Kaufhaus. – Zweimal lesen wir, daß Jesus nach Jerusalem hinaufzog, einmal zum Paschafest im ersten Jahr seines Lehrens, wie hier erwähnt wird, sodann im Jahr seines Todes. Und hier, zu Beginn seiner Zeichen, trieb er die Händler aus dem Tempel; als er aber zum zweiten Mal zur Passion kam, vertrieb er Händler und Käufer und griff härter durch, denn die Zahl der Käufer war viel größer als die der Händler. Hier aber, auf einen ausgesprochenen Tadel verzichtend, sagte er: *Macht das Haus meines Vaters nicht zu einer Markthalle;* dort aber brauchte er härtere Worte: *Ihr aber macht aus meinem Haus eine Räuberhöhle* (Mt 21,13). Dann flocht er *eine Geißel aus Stricken* (Joh 2,15), denn nach Augustinus nimmt er aus unseren Sünden das Mittel, womit er uns bestraft. Denn das Beharren in der Sünde, wo Sünde sich zu Sünden fügt – wird als eine Art Strick bezeichnet. Wie es im Buch der Sprichwörter heißt: *Der Frevler verfängt sich in der eigenen Schuld, die Stricke seiner Sünden halten ihn fest* (Spr 5,22). [XXVI,2]

Die erste Seligpreisung: Die Armut im Geiste. – *Dann begann er zu reden und lehrte sie. Er sagte: Selig die Armen im Geiste*, der Gesinnung und der Erwählung nach, nicht aus Zwang oder Heuchelei; *denn ihnen gehört das Himmelreich* (Mt 5,2f.), was der ihrem Verdienst entsprechende Lohn ist. Dazu muß man wissen, daß die Armut im Geiste hier als Verzicht auf die Liebe zur Welt aufgefaßt wird, also auf die Liebe zu allem, was in der Welt ist und was ein Freund dieser Welt sich aneignet. Sie ist die völlige Absage an alle Lust, alles Schwelgen in Reichtum, Genuß und Ruhm. So kann diese Seligpreisung auf zweifache Weise verstanden werden: einmal als Geringschätzung des Reichtums und der Fleischeslust, dann auch der eigenen Person und ihrer Vorzüge, so daß auch der Gute sich für unnütz hält und geringer als die anderen. Geringschätzung des Reichtums aber geht aus der Geringschätzung der eigenen Person hervor: Wer sich nämlich um Gottes willen wahrhaftig und demütig in der Selbstverachtung übt, hat auch keine Mühe, alles Zeitliche geringzuschätzen, das um seinetwillen da ist. Wer sich innerlich nicht sorgt, wird auch äußerliche Dinge nicht zu hoch einschätzen. So schließt die Armut im Geiste die freiwillige äußere Armut um Christi willen wie auch die wahre Demut mit ein. Und entsprechend dem Verständnis der beiden steht diese Seligpreisung an erster Stelle. Gewiß vor allem nach dem Verständnis der ersten, weil die Armut die erste Vollkommenheit jener bildet, die Christus nachfolgen wollen, wie auch das Fundament des ganzen geistlichen Gebäudes. Wer mit zeitlichen Dingen beladen ist, kann Christus, dem Spiegel der Armut, nicht unverzüglich nachfolgen. Wer seine Liebeskräfte vergänglichen Dingen unterwirft, der ist nicht frei, sondern bleibt ein Knecht. In dem Maß, wie ich Vergängliches mit Leidenschaft liebe, mache ich mich selber zum Sklaven. Deshalb soll man nichts lieben außer Gott und etwas anderes nur um Gottes willen. Ambrosius meint dazu: »Der Evangelist hat diese Seligpreisung als erste angeführt: in der Reihenfolge ist sie die erste; denn sie begründet und erzeugt gleichsam die anderen Tugenden; weil wer die weltlichen Güter geringschätzt, die ewigen gewinnen wird. Keiner kann den Lohn des Himmelreiches erlangen, wenn er, von weltlicher Begierde besessen, sich nicht davon zu lösen imstande ist. Ähnlich verhält es sich mit dem Verständnis der zweiten, denn die Demut wird dem Ursprung aller Laster, nämlich dem Hochmut entgegengesetzt, der unter allen Lastern den ersten Platz einnimmt.« Und Augustinus: »Unter den Armen im Geiste werden hier mit Recht die Demütigen und Gottesfürchtigen verstanden, diejenigen also, die keinen aufgeblasenen Geist haben. Man sollte also diese Seligpreisung keinesfalls anderswo ansetzen. Denn auf diese Weise gelangt man zur höchsten Weisheit: *Der Anfang der Weisheit ist die Gottesfurcht* (Sir 1,14), weil im Gegensatz dazu *der Hochmut als der Anfang aller Sünde* (Sir 10,12) beschrieben wird.« ... [XXXIII,3]

17. NOCHMALS AUS DER BERGPREDIGT: WARUM DIE VORSTEHER DURCH IHR WERK UND IHRE PREDIGT LEUCHTEN SOLLEN, UND WARUM CHRISTUS NICHT GEKOMMEN IST, DAS GESETZ AUFZUHEBEN, SONDERN ZU ERFÜLLEN

Ein Licht darf nicht verdeckt werden, und eine Stadt auf einem Berg kann nicht verborgen bleiben. – Nach der Erwähnung des Salzes und des Lichts (vgl. Mt 5,14), ist von der Stadt als Zufluchtsort und vom Leuchten des Lichts die Rede, denn die Apostel und Vorsteher dürfen sich nicht verbergen und das Licht des göttlichen Wortes nicht unter den Scheffel der Menschenfurcht noch unter das Bett des irdischen Wohlstands stellen; vielmehr sollen sie die Stadt auf dem Berg sein, damit sie für die zu Unrecht Unterdrückten eine Zuflucht seien. Ferner sollen sie das Licht sein, das man auf einen Leuchter stellt, damit sie durch das Beispiel ihres heiligen Lebens allen in der Finsternis lebenden Menschen leuchten. Der Hinweis auf das Gleichnis der Stadt auf dem Berg und auf das Licht, das auf einen Leuchter gestellt wird, ermahnt die Apostel und Vorsteher, mit einem eben solchen Licht vor den Menschen zu leuchten und zu strahlen, damit diese, wenn sie ihre guten Werke sehen, durch den Wohlgeruch und die Ausstrahlung solcher Menschen angezogen und unterwiesen werden, und so Gott der Vater, von dem alles Gute kommt, verherrlicht und gepriesen werde und nicht sie selbst. Sie sollen also in den Werken wie in der Predigt leuchten. Es heißt aber nicht: damit sie eure gute Predigt hören, sondern *damit sie eure guten Werke sehen und euren Vater im Himmel preisen* (Mt 5,16). Denn mit Werken richtet man mehr aus als mit Reden, und Beispiele bewirken mehr als Worte, weil die Ausstrahlung einer Tat größer ist als die einer Predigt. Diese verkündet nur mit dem Mund und dauert bloß eine Stunde in der Woche, jene aber verkündet als ganze, zu jeder Stunde in jeder Zeit. Dazu steht anderswo: *Die Seelen der Gerechten werden aufleuchten wie Funken, die durch ein Stoppel-*

feld sprühen (Weish 3,7), das nach Gregor für das Leben der Weltleute steht, die nach außen Hohes anstreben, innerlich aber von allem, was Bestand hat, immer leerer werden. Im Wort zu unterweisen und nicht in der Tat verbirgt eine gewisse Heuchelei und nützt wenig, denn nach Bernhard sind Großsprecherei und müßige Hände, helle Lehre und finsteres Leben etwas Ungeheuerliches. Sie sollen leuchten, damit das Ziel eines guten Werkes im Lob Gottes und nicht im Lob des Menschen bestehe, denn sie sollen nicht ihre, sondern Gottes Ehre und die Erbauung des Nächsten suchen, damit man ihre *guten Werke* sehe und Gott, der diese in ihnen wirkt – also nicht sie selbst – durch Nachahmung und Lobpreis *verherrlicht werde,* weil ihm, als dem Urheber des Guten, alles zuzuschreiben ist. Das steht nicht im Gegensatz zu dem, was weiter unten gesagt wird: *Hütet euch, eure Gerechtigkeit vor den Menschen zur Schau zu stellen* (Mt 6,1), weil durch ein gutes Werk Gottes Ehre gesucht werden soll, und das ist hier (Mt 5,16) gemeint; die eigene menschliche Ehre aber ist zu fliehen; davon wird weiter unten (Mt 6,1) die Rede sein. [XXXIV,4]

CHRISTUS KAM NICHT, DAS GESETZ AUFZUHEBEN, SONDERN ES ZU ERFÜLLEN. – Dann begann er sogleich, ihnen zu erklären, was sie lehren sollten, um einer falschen Meinung vorzubeugen, die sie hätten haben können. So als hätten sie gefragt: Wir wollen deine Lehre nicht verbergen, aber was ist es, was du uns zu verbergen verbietest? Wirst du anderen etwas lehren, was dem widerspricht, was im Gesetz und in den Propheten geschrieben steht? Er sagte nicht: *Meint nicht,* begeht also nicht den Irrtum zu meinen, *ich sei gekommen, das Gesetz und die Propheten aufzuheben,* und damit zu verhindern, daß das Gesetz und die Propheten geistig verstanden würden. Wie auch Augustinus sagt: Alles, was im Alten Testament verzeichnet steht, ist Bild und Vorausgestalt des Neuen. *Ich bin nicht gekommen, das Gesetz aufzuheben* und niederzureißen, *sondern um* es noch besser *zu erfüllen* (Mt 5,17). Dieser Satz des Herrn hat nach Augustinus einen doppelten Sinn: *Das Gesetz erfüllen* heißt, entweder ihm etwas hinzufügen, was ihm fehlt, oder tun, was es vorschreibt. Der Herr fügte hinzu, was ihm fehlte, hob aber keinesfalls auf, was er vorfand, sondern bestätigte es, indem er es vollendete. ... [XXXIV,5]

18. CHRISTUS DROHT DEN WINDEN UND DEM SEE

CHRISTUS SCHLÄFT, WÄHREND DAS BOOT VON WIND UND WELLEN GESCHÜTTELT WIRD. – ... *Und er stieg in das Boot und seine Jünger folgten ihm* (Mt 8,23) und fuhren mit ihm über den See. Denn sie folgten nicht nur seinen Schritten, sondern sie begleiteten mehr noch seine Heiligkeit. Gewiß *folgten sie ihm,* weil sie von der Unwiderstehlichkeit seiner Predigt, der Bewunderung für sein Wirken und von seinem gütigen Umgang angezogen wurden, so daß es ihnen schwer gefallen wäre, ihn zu verlassen. *Und plötzlich,* damit das Wunder um so größer erscheine, *brach ein gewaltiger Sturm auf dem See los*, nicht auf natürliche Weise und von selbst, sondern auf Christi Befehl hin und durch seine Macht, *so daß das Boot von den* hereinbrechenden *Wellen* fast *überflutet wurde*. Treffend heißt es: *Es wurde überflutet*, ging aber nicht unter, weil das Schifflein Petri wohl erschüttert, nicht aber überflutet werden kann, was in der Arche Noe vorgebildet war. *Jesus aber schlief* (Mt 8,24) im Heck, das ist der hintere Teil des Schiffes neben der Kajüte, auf einer hölzernen Kopfstütze, was nach Chrysostomus auf seine Demut hinweist. Es war nicht erstaunlich, daß er schlief: Oft wachte er nämlich nachts zum Gebet, und tagsüber beim Predigen arbeitete er viel. *Er schlief* gewiß dem Leibe nach, aber in seiner Gottheit wachte er. Dazu sagt er selbst im Hohenlied: *Ich schlafe, doch mein Herz wacht* (Hld 5,2). Und Chrysostomus: »Er stieg in das kleine Boot, damit derselbe das Boot lenke, der die ganze Welt mit göttlicher Macht lenkt; es fiel in Schlaf derjenige, der sein Volk in ewiger Wachsamkeit behütet.« Der Herr wollte aus mehreren Gründen schlafen: erstens damit sich die Wirklichkeit seiner Menschennatur erweise. Bei den Wundern Christi dient immer ein Teil dazu, die Wahrheit seiner Menschheit aufzuzeigen und ein anderer, die Wahrheit seiner Gottheit zu offenbaren. Zweitens wollte Christus den Glauben seiner Jünger prüfen – nicht daß er ihre Herzen nicht gekannt hätte, aber damit sie sich selbst erkennten. Drittens sollten die Jünger in große Furcht geraten und so von ihm zum Beten angeregt werden. Wäre nämlich, so meint Chrysostomus, der Sturm losgebrochen, während Christus wach war, so hätten sie sich entweder nicht gefürchtet oder dann nicht um Hilfe gebeten. Viertens schlief der Herr, um die Wahrheit seiner göttlichen Natur und seine Macht kundzutun, die in ihm umso heller aufstrahlte, als er, kaum geweckt, den Winden drohte, die ihm gehorchten. [XLVI,1]

Die Furcht der Jünger wird getadelt. – Voller Angst und der Gefahr ausgesetzt, *traten die Jünger zu ihm und weckten ihn und riefen: Herr, rette uns*, du kannst es nämlich, wir aber nicht, denn *wir gehen zu-*

grunde (Mt 8,25), sind der Gefahr ausgeliefert. Dazu sagt Origenes: »O wie wahr redet ihr, Jünger! Ihr habt den Retter bei euch und fürchtet die Gefahr. Das Leben ist bei euch, und ihr habt Angst vor dem Tod.« Wenn sie daher sagen: *Rette uns,* so zeigt das Vertrauen; denn *wir gehen zugrunde* zeugt von Kleingläubigkeit, ihre Aufregung von Untreue. Deshalb schalt er sie und *sagte zu ihnen: Warum habt ihr solche Angst, ihr Kleingläubigen?* (Mt 8,26). Als wollte er ihnen sagen: Hättet ihr Glauben, würdet ihr euch nicht fürchten, sondern das tun, was ihr wünscht, nämlich Wind und See beruhigen. Cyrill schreibt dazu: »Darin zeigt sich: was Furcht verursacht, ist nicht das Auftreten von Anfechtungen, sondern die Schwäche des Geistes. Wie das Gold im Feuer erprobt wird, so auch der Glaube in den Anfechtungen.« Beides hat er an ihnen getadelt: zum einen die Kleingläubigkeit, denn sie durften keine Furcht haben, solange der zugegen war, den sie so viele Wunder hatten wirken sehen, und wer ihm angehört, kann nicht zugrunde gehen; zum anderen tadelte er die Mittelmäßigkeit ihres Glaubens, da sie nicht glaubten, daß er schlafend ebensoviel vermochte wie wachend oder auf dem See ebensoviel wie auf dem Land. Wir haben hier den Beweis, daß kleingläubig ist, wer im Falle einer Hungersnot, einer Bedrängnis und Ähnlichem murrt, sich fürchtet und ungeduldig wird. Daher ist der Glaube in Gefahren höchst notwendig: Dies ist nämlich *der Sieg, der die Welt,* das heißt die Gefahren der Welt, *besiegt hat, unser Glaube* (1 Joh 5,4). Und auch Ambrosius sagt: »An den Aposteln sollst du erkennen, daß niemand ohne Anfechtung das Ende seiner Lebensbahn erreichen kann; denn die Anfechtung ist eine Übung im Glauben. Wir sind den schlimmen Stürmen geistiger Bosheit ausgesetzt, aber wie wachsame Seeleute wecken wir den Steuermann.« [XLVI,2]

Christus beruhigt den See. – *Dann stand Jesus auf, drohte den* tobenden *Winden und dem* wütenden *See;* als Herr der Schöpfung sagte er: Schweig und verstumme; der Sturm ließ nach, *und es trat völlige Stille ein* (Mt 8,26), so daß keinerlei Zeichen oder Spur irgendeiner Unruhe zurückblieb. So würdigte sich Christus hier, die Wahrheit seiner beiden Naturen, der göttlichen wie der menschlichen, deutlich zu machen: wie ein Mensch bestieg er das Boot, wie Gott wühlte er den See auf; wie ein Mensch schlief er im Boot, wie Gott befahl er den Winden und dem See und wies ihr Toben durch sein Wort in die Schranken. Denn sie spürten die Befehlsgewalt des Herrn, wenn sie auch als unbeseelte Natur erschienen. So wird vom Unbeseelten gesagt, daß es Gott gehorche, denn allein sein Wort macht daraus, was er will. Und nach dieser Redensart pflegt man die Materie einem Heilmittel gegenüber als gehorsam oder als ungehorsam zu bezeichnen. Zudem, wie Hieronymus bemerkt, *staunten die Leute,* nicht die Jünger, sondern die Seeleute und andere, die im Boot waren, denn sie erkannten in ihrem Gemüt die Macht seiner Gottheit und bekannten sie auch. Staunend sagten sie: *Was ist das für ein Mensch,* das heißt, wie groß ist er, wie mächtig und von was für einer Würde und Kraft! Als sagten sie: Das ist kein bloßer Mensch, sondern ein wahrer Gott. Chrysostomus sagt dazu: »Der Schlaf zeigte den Menschen, die Stille Gott; deshalb sagten sie: *Was ist das für ein Mensch,* weil er wie ein Mensch schlief und wie ein Gott Wunder wirkte.« Sie bestaunen dreierlei: den schlafenden Menschen, den gebietenden Gott und die gehorsame Schöpfung. Und sie fügen hinzu, *sogar die Winde und der See,* die unbeseelt sind, *gehorchen ihm* (Mt 8,27), folgen seinem Befehl, wie die Schöpfung ihrem Schöpfer. Damit werden die vernunftbegabten Geschöpfe widerlegt, die ihrem Schöpfer nicht gehorchen, während die unbeseelte Schöpfung ihm gehorcht. Der nämlich, der zuvor auf dem Land Wunder wirkte, wollte auch auf dem Wasser Wunder wirken, damit er als der Herr über Land und Wasser erkannt werde; aber auch zum Zeichen dafür, daß der gesamte Erdkreis ihm dient und alles auf seinen Befehl hin geschaffen worden ist. Daß er die Jünger, die ihn geweckt hatten, auf ihre Bitte hin befreite, macht deutlich, daß er stets von uns gebeten werden will. Oft setzt er uns Bedrängnissen aus, weil er möchte, daß wir zu ihm beten und so davon befreit werden. ... [XLVI,3]

ZWEITER TEIL

1. DIE AUSSENDUNG DER APOSTEL ZUR VERKÜNDIGUNG, VERSEHEN MIT DER VOLLMACHT ZU HEILEN

ZU ZWEIT WERDEN DIE APOSTEL ZUR VERKÜNDIGUNG AUSGESANDT. – *Dann rief er seine zwölf Apostel zu sich und gab ihnen die Vollmacht,* die unreinen Geister der Besessenen auszutreiben *und alle Krankheiten* des Leibes *und Leiden* der Seele *zu heilen* (Mt 10,1). Dies bewirkte der Herr in seiner Macht, die Apostel aber vollführten es in seinem Namen, das heißt, indem sie ihn anriefen und in seiner Kraft wirkten. Dazu schreibt Beda: »Der gütige und weise Herr mißgönnt seinen Dienern und Jüngern seine Kräfte nicht. Und wie er selbst alle Krankheiten und Leiden heilte, gab er auch seinen Aposteln Vollmacht, *alle Krankheiten und Leiden* zu heilen. Es besteht aber ein großer Abstand zwischen besitzen und verleihen, schenken und empfangen. Was Christus wirkt, vollbringt er in eigener Kraft, die Apostel aber bekennen, wenn sie wirken, ihre Ohnmacht und die Macht des Herrn, indem sie sagen: *Im Namen Jesu geh umher* (Apg 3,6).« ... *Er sandte sie aus, das Reich Gottes zu verkünden*; das ist die Frohe Botschaft, die Gottes Reich verheißt und lehrt, wie man dahin gelangt: nämlich durch Buße. *Verkünden* bedeutet also, den Büßern das Reich Gottes verheißen und *die* leiblich und geistig *Kranken gesund machen* (Lk 9,1), was Christus auch täglich durch die Verkünder des Evangeliums vollbringt, sofern sie das Ihrige tun, denn er hat ihnen die Vollmacht verliehen, mit geistlicher Macht die Dämonen aus den Herzen der Menschen zu vertreiben und die an Lastern Kranken zu heilen. [LI,3]

WAS SIE WEITERHIN VERKÜNDEN SOLLEN. – Darauf wird ihnen mit den Worten *Geht und verkündet: Das Him-*

melreich ist nahe (Mt 10,7) die Form des Lehrens gezeigt. Als sagte der Herr: Verkündet, die Zeit ist nah, da die Tür zum Himmelreich durch mein Leiden geöffnet wird; denn vor Christi Ankunft war das Reich fern, denn keiner konnte dorthin gelangen. Dieses Reich wird auf verschiedene Art bezeichnet: zuweilen als Herrschaft Gottes nach dem Herrscher, zuweilen als Himmelreich um der Engel und Heiligen willen, die ihm untertan sind und als Himmel bezeichnet werden. Ferner ist die Zeit nahe, da der König der Himmel über die Menschen herrscht, die ihm im Glauben ergeben sind und ihm gehorchen. Oder dann bezieht sich *das Himmelreich ist nahe* auf Christus, der uns das Himmelreich schenkt. Christus und seine Jünger beginnen ihre Predigt mit der Verkündigung des Himmelreichs, wie es schon Johannes getan hatte. [LI,5]

UMSONST SOLLEN SIE GEBEN, WAS SIE UMSONST EMPFANGEN HABEN. – Dann, um die Begierlichkeit von ihnen fernzuhalten, fügte er hinzu: *Umsonst,* unentgeltlich, *habt ihr* die Macht *empfangen*, Wunder zu wirken, Gnade zu verkünden, wie auch das Amt, die Sakramente zu spenden und andere Gaben, die euch von Gott übertragen worden sind; *umsonst,* unentgeltlich, *sollt ihr* anderen *geben* (Mt 10,8), in derselben Weise, wie ihr empfangen habt, damit die Gnade weiterhin umsonst sei, also nicht gegen Entgelt erhältlich scheine und ihr Unschätzbares verliere, weil man sie für käuflich hält. Als sagte er in Übereinstimmung mit Hieronymus: Ich, der Meister und Herr, habe euch dies alles umsonst gegeben, gebt auch ihr es umsonst. Und auch Chrysostomus bemerkt dazu: »Damit es nicht als ihr Verdienst erscheine, dämpfte er ihren Hochmut, indem er sagte: *Umsonst habt ihr empfangen,* und um sie von der Anhänglichkeit an den Reichtum reinzuhalten, sagte er: *Umsonst sollt ihr geben.*« Und nochmals Chysostomus: »Als sagte er: Beschenkt auch jene nicht, die euch aufnehmen, da ihr selber weder durch Kauf noch durch Bemühung empfangen habt. Mein ist die Gnade; *umsonst habt ihr empfangen,* also gebt anderen umsonst, denn es schickt sich nicht, sich von ihnen bezahlen zu lassen«. Diese Worte mögen alle jene hören, die Simonie treiben und sich nicht scheuen, geistliche Ämter zu verkaufen oder zu kaufen. Für geistliche Werke, wie das Spenden der Sakramente, die Predigt oder das Wunderwirken und ähnliches soll man keinerlei Entgelt annehmen, denn es schickt sich nicht, dafür einen Lohn entgegenzunehmen. [LI,7]

2. ÜBER DIE GEDULD IN BEDRÄNGNISSEN

ÜBER DIE DEM PREDIGER ERFORDERLICHE GEDULD, WENN ER WIE EIN LAMM UNTER DIE WÖLFE GESENDET WIRD. – ... Er sagte also: *Geht,* nämlich an euer Amt der Verkündigung; *seht, ich,* euer Herr und Meister, der euch erwählt und gelehrt hat, *ich,* der allmächtige Herr, der euch ausgerüstet hat, *ich,* dem niemand zu widerstehen vermag, *ich,* so sage ich, der ich der Herr der Ernte bin, *ich sende euch,* erwählte Männer, unterwiesene Lehrer, bewaffnete Soldaten, erfahrene Ärzte, *wie Schafe;* also euch Einfältige und Unschuldige sende ich, die ihr euch nicht mit Waffengewalt verteidigt, damit ihr die anderen mit der Milch der Lehre nährt, sie durch das Beispiel eines angenehmen Umgangs anzieht und *inmitten der Wölfe* auch das Leibliche für sie der Gefahr aussetzt. Ich sende euch *mitten unter die Wölfe* (Mt 10,16), nämlich unter die Schriftgelehrten und Pharisäer, wie auch unter andere grausame Verfolger und Verleumder, die wegen ihrer Raubgier, ihrer Grausamkeit und ihrer Unberechenbarkeit *Wölfe* genannt werden. Als sagte er: Begebt euch wie Friedfertige unter die Grausamen, um zu leiden; bewahrt Geduld und Unschuld. Verteidigt euch nicht, denn ihr seid *Schafe:* es wüten jene, die *Wölfe* sind. Der Herr ist ein wundersamer Jäger, der die Wölfe durch Lämmer oder Schafe fängt und fesselt; durch Geduld besiegt er die Macht. Und treffend heißt es *mitten unter die Wölfe*, damit die Geduld gleichsam der Mittelpunkt des Widerstandes sei gegen alles Unrecht ringsumher. Ferner *mitten unter*, um der gemeinsamen Bekehrung aller, um der Einheit im Glauben der Schafe und um der vielfältigen Irrtümer bei den Wölfen willen. Diese Einheit verhilft am ehesten zum Sieg. Denn, wie Ambrosius feststellt, führt jeder einmütig geführte Kampf zum Sieg. Er sagt aber: *Seht, ich sende euch,* auf daß, eingedenk der Macht des Sendenden, die Größe der Gefahr nicht gefürchtet werde. Dazu erklärt Chrysostomus: »Was also hatten sie als Trost? Die Kraft des Sendenden. Deshalb stellte er diese Kraft über alles andere, indem er sagte: *Seht, ich sende euch.* Dies genügt, um zu vertrauen und sich vor unvorhergesehenen Zwischenfällen nicht zu fürchten. Du siehst also das Ansehen, siehst die Macht und die unüberwindliche Kraft!« Der Herr sandte die Jünger *wie Schafe mitten unter die Wölfe,* aber ach! Heute benehmen sich viele Vorsteher unter den ihnen Anvertrauten wie Wölfe unter den Schafen. [LII,1]

DIE KLUGHEIT DER SCHLANGE MIT DER ARGLOSIGKEIT DER TAUBE VEREINEN. – *Seid daher klug wie die Schlangen* angesichts der Listen und Täuschungen der Schriftgelehrten, damit ihr jeden Betrug und Hinterhalt erkennt und euch in acht nehmt; *und seid arglos wie die Tauben* (Mt 10,16) angesichts der Grausamkeit und Bosheit der Tyrannen, damit ihr die Beleidigungen und das Unrecht ertragt und vergebt. Klugheit benötigt man, um sich vor dem Bösen zu hüten; Arglosigkeit, um Gutes zu tun. Als sagte der Herr: Wie Schlangen bei Gefährdung ihres Kopfes den übrigen Leib preisgeben und den Kopf, in dem das Leben wohnt, zum Schutz vor der tödlichen Verwundung mit dem ganzen Leib bedecken, so bewahrt und behütet auch ihr euer Haupt unverletzt und unversehrt, das heißt mich, den Glauben und die Seele, indem ihr den ganzen Leib der Gefahr aussetzt. Und wie die Tauben, frei von der Galle und Bitterkeit der Bosheit, niemandem Böses tun, so sollt auch ihr eure Unschuld bewahren und anderen nichts Böses antun noch ihnen Böses vergelten, damit ihr kraft eurer Klugheit das Böse meidet und kraft eurer Arglosigkeit niemandem Böses zufügt. ... [LII,2]

3. DIE BUSSE DER MARIA MAGDALENA

WIE MARIA MAGDALENA ZUM HERRN TRITT UND WIE SIE AN IHM HANDELT. – Als Magdalena, die den Herrn sicher schon hatte predigen hören, vernahm [daß er im Hause eines Pharisäers zu Tische lag], da begab sie sich, das Herz voller Schmerz über ihre Sünden, voll aufrichtiger Reue und vom Feuer ihrer Liebe zu ihm entflammt, mit einem *Alabastergefäß* (Lk 7,37), einem Gefäß mit Salböl, zum Gastmahl. Beda erklärt, Alabaster bestehe aus weißglänzendem, mit verschiedenen Farben durchsetztem Marmor, den man ausgehöhlt als Gefäß für Salböl benutzte und von dem es hieß, er bewahre das Öl am besten vor Verderbnis. Der Pharisäer, von dem die Rede ist, wird irgendeinmal im Evangelium *Simon der Aussätzige* (Mt 26,6) genannt, und sein Aussatz wird nicht grundlos erwähnt. Dazu schreibt Chrysostomus: »Aber nicht nebenbei erinnert der Evangelist an Simons Aussatz, sondern um zu zeigen, mit welchem Vertrauen sich diese Frau nähert, denn der Aussatz galt als ein unreines und verabscheuungswürdiges Leiden. Als Magdalena sah, daß Jesus jenen Menschen geheilt hatte, vertraute sie darauf, daß es für ihn auch ein leichtes sein werde, ihre Seele vom Schmutz zu reinigen.« Nachdem die Frau in das Haus gelangt war, eilte sie gesenkten Hauptes und mit niedergeschlagenen Augen an den Gästen vorüber, bis sie zu Jesus kam. Dann warf sie sich sogleich *von hinten zu seinen Füßen* zu Boden, weil sie aus Scham über ihre Sünden nicht wagte, sich vor ihm niederzuwerfen. Mit grenzenlosem Vertrauen beugte sie ihr Angesicht über seine Füße, denn sie liebte ihn schon innig und über alles und erglühte in Liebe zu ihm; *sie begann,* heftig zu weinen und zu schluchzen und *mit ihren* vielen *Tränen die Füße des Herrn* zu baden und *zu waschen.* So groß war ihre Zerknirschung, daß sie mit ihren vielen Tränen der Reue, die ihrem Herzen entströmten, die Füße dieses einen Mannes waschen konnte. Als sie schließlich zu weinen aufhörte, *trocknete sie mit ihrem Haar* die gewaschenen Füße Jesu, und in wachsender Liebe *küßte sie* diese mehrmals sanft und liebevoll und konnte damit nicht aufhören. *Und* weil die Füße vom Gehen schmutzig und müde waren, *salbte* sie *sie mit dem* wertvollen *Öl* (Lk 7,38), um sie zu kühlen und ihren Schmerz nach dem langen Weg zu lindern. All das geschah äußerlich; die Bewegung in ihrem Inneren, die Gott allein kannte, war jedoch weitaus stärker. Dazu sagt Gregor von Nyssa:

»Aus Schmach stand sie hinter ihm, außerhalb des Lichtkreises, bedeckte seine Füße mit ihrem Haar, umfaßte sie und begoß sie mit ihren Tränen; dadurch zeigte sie die Trauer ihrer um Gnade flehenden Seele.« Daran, daß die Frau *von hinten herantrat,* erkannte man ihre Ehrfurcht und Demut; dadurch, daß sie *die Füße mit ihren Tränen benetzte*, wurde die wahre Reue und Zerknirschung ihres Herzens angedeutet. Und weil sie diese Tränen, die sie *mit ihrem Haar trocknete,* verbarg und wegwischte, zeigte sie, daß sie nicht zu jenen gehörte, die *alles, was sie tun, nur tun, damit die Menschen es sehen* (Mt 23,5). *Mit dem Kuß* bezeugte sie Frieden, Liebe und Verehrung; mit dem *Salböl* die Regungen ihres tiefsten Herzens und die Bereitschaft zu ergebenem Gehorsam. Das *Alabastergefäß* kann auch den Schrein des Herzens voller Glaube und Liebe bedeuten... Dazu sagt Gregor: »Wenn ich an Marias Reue denke, so ziemt es sich mir, eher zu weinen als irgend etwas zu äußern. Denn welches Herz, und wäre es aus Stein, würde durch die Tränen dieser reuigen Sünderin nicht weich und zur Buße aufgerufen? Denn sie bedachte wohl, was sie tat, und wollte sich darin keinesfalls mäßigen. Ohne geladen zu sein, schritt sie durch die Reihen der Tischgenossen; während des Mahles vergoß sie Tränen. Lernt, in welchem Schmerz sie glühen mußte, daß sie über ihr Weinen während des Gastmahls nicht errötete. Der Tränen ihrer Schande gewahr, lief sie zum Quell des Erbarmens, um sich zu waschen, ohne vor den Tischgenossen zu erröten. Denn weil sie im Innern zutiefst errötete, glaubte sie, es gebe von außen her nichts, was sie zu scheuen brauche.« [LX,2]

Da alles in Liebe geschieht, ist Maria Magdalena gerechtfertigt. – Weil der Herr zeigen wollte, daß alles in Liebe geschah, sprach er zu Simon: *Deshalb sage ich dir: Ihr sind ihre vielen Sünden vergeben, weil sie mir so viel Liebe gezeigt hat* (Lk 7,47), denn *die Liebe deckt viele Sünden zu* (1 Petr 4,8). Du aber liebe sehr viel mehr, damit dir sehr viel mehr vergeben wird. Dazu meint Chrysostomus: »Wer sich tief mit dem Bösen einließ, wird sich umgekehrt auch eifrig mit dem Guten befassen müssen, da er weiß, wieviel Schuld er auf sich geladen hat.« *Wem aber nur wenig vergeben wird, der zeigt auch nur wenig Liebe* (Lk 7,47), wie du, Pharisäer. Sei also nicht stolz, daß du nur in wenigen Dingen gefehlt hast, denn auch du bedarfst der Vergebung. Denn keiner kann aus eigener Kraft von der Sündenschuld befreit werden, wenn er nicht Vergebung durch die göttliche Gnade sucht. Und nochmals Chrysostomus: »Wir sollen eine glühende Seele haben, denn nichts hindert einen solchen Menschen, Großes zu wirken. Keiner, der in Sünden verstrickt ist, verzweifle, und der Gerechte schlafe nicht. Dieser sei sich seiner Sache nicht zu sicher, oft geht ihm nämlich die Buhlerin voraus; jener aber gebe die Hoffnung nicht auf, denn es ist ihm möglich, daß er sogar vor den ersten dasteht.« Und Gregor meint dazu: »Meine Brüder, was halten wir für Liebe, wenn nicht dieses Feuer? Und was für Schuld, wenn nicht diese Sündenfäulnis?« Daher wird gesagt: *Ihr sind ihre vielen Sünden vergeben, weil sie mir so viel Liebe gezeigt hat.* Sie verbrennt alle Fäulnis, weil sie so sehr im Feuer der Liebe brennt. Und selbst wenn sehr Hartes verbrannt wird, bleibt das Feuer der Liebe noch stärker und verzehrt auch das Harte. Denn die Sündenfäulnis wird vom Feuer umso vollständiger verzehrt, je heller das Herz des Sünders im großen Feuer der Liebe brennt. Dazu erklärt Augustinus: »Der eine hat viel gefehlt und ist zum Schuldner vieler geworden; der andere hat unter Gottes Lenkung wenig gesündigt. Dieser bedenkt, was jener verloren hat und jener sollte bedenken, was der letztere nicht gefehlt hat. Es gibt nämlich keine vom Menschen begangene Sünde, die nicht auch von einem anderen begangen werden könnte, sobald der Lenker fehlt, der den Menschen erschaffen hat.« Bernhard bemerkt dazu: »Wer sähe nicht, daß ich in so viele Sünden gefallen bin und noch in viele weitere gefallen wäre, wenn mich nicht die Güte des Allmächtigen davor bewahrt hätte? Ich bekenne jetzt und werde immer bekennen: *Wäre nicht der Herr meine Hilfe, ich würde bald im Land des Schweigens wohnen* (Ps 94,17); meine Seele fiele nämlich in jede Sünde.« [LX,8]

GLAUBE UND FRIEDE WERDEN MAGDALENA ALS GESCHENK ZUTEIL. – *Dann sagte* der Herr *zu der Frau: Deine Sünden sind dir vergeben* (Lk 7,48), nicht nur Vergehen und Schuld, sondern auch die Strafe dafür, und zwar aufgrund ihrer brennenden Liebe zu Gott und ihrer Abscheu vor der vergangenen Sünde. O glückselige Maria, die du so reich beschenkt wirst. Denn zuerst wird ihr, wie es hier heißt, die Vergebung der Sünden gewährt; dann wird sie in geistlicher Weise mit dem Herrn verbunden ... ; schließlich wird ihr am Auferstehungssonntag die erste Erscheinung zuteil, wie später berichtet werden wird.[3] *Da begannen die, welche*

[3] Entgegen dieser Feststellung wird Ludolf selbst einer anderen Tradition folgen: In Abhängigkeit von Ignatius von Antiochien und Ambrosius wird Christus nach seiner Auferstehung zuerst seiner eigenen Mutter erscheinen. Vgl. S. 199f.

mit ihm zu Tische lagen, bei sich zu sagen: Wer ist dieser, daß er sogar Sünden vergibt? (Lk 7,49). Das dachten sie, weil sie zu sehr auf die äußere Menschengestalt Christi blickten, die keine Sünden vergeben konnte. Doch der Herr achtete ihrer Gedanken kaum und sagte zu der Frau: *Dein Glaube*, der dir von Gott eingesenkt wurde, *hat dir geholfen,* weil dieser Glaube der Liebe entsprang und so des ewigen Lebens würdig gemacht wurde. Gregor meint, *der Glaube* habe ihr *geholfen,* weil sie nicht daran gezweifelt hat, das Erbetene zu erhalten. Sie hatte bereits von dem die Hoffnung empfangen, von dem sie ihr Heil erbat. *Geh in Frieden!* (Lk 7,50), beruhigt also und frei von Schuld, ohne von der Gnade deiner Liebe abzuweichen. *In Frieden* zu gehen wurde ihr befohlen, damit sie auf dem Weg der Wahrheit bleibe und nicht wiederum auf den Pfad des Ärgernisses gerate. Dazu schreibt Theophilus: »Nachdem er ihr die Sünden vergeben hatte, blieb er nicht bei der Sündenvergebung stehen, sondern befähigte sie auch zum Guten. Daher wird hinzugefügt: *Geh in Frieden,* also in Gerechtigkeit. Denn die Gerechtigkeit ist der Friede des Menschen bei Gott, wie die Sünde Feindschaft ist zwischen Gott und Mensch. Als würde gesagt: Tue alles, was dich zum Frieden mit Gott führt.« ... [LX,10]

4. DIE SPEISUNG DER FÜNFTAUSEND

DER GLAUBE DER MENGE. – *Als es aber Abend geworden war, sagten die Jünger zu Jesus: Die Zeit,* nach Hause zu gehen und zu essen, *ist schon vorüber* (Mt 14,15); also war eine Mahlzeit fällig. Darin offenbart sich die Sehnsucht des Erlösers nach dem Heil der Seelen, daß er bis in die Abendstunden predigte; ebenso zeigt sich die Andacht der Menge, die durch die Süße des göttlichen Wortes festgehalten wurde und sich trotz der nahenden Nacht nicht von ihm zurückzog, obwohl sie nichts zum Essen bei sich hatten. So stark war ihr Verlangen, Christus zu hören, daß sie es unterlassen hatten, Nahrung mitzubringen; deshalb mußte ein Wunder geschehen. ... [LXVII,4]

IN DEN HÄNDEN CHRISTI VERMEHREN SICH BROT UND FISCHE – *Da setzen sich ... etwa fünftausend* erwachsene *Männer* (Joh 6,10), abgesehen von den Kindern und Frauen. Nach hebräischer Vorschrift werden nur die Männer von zwanzig Jahren an und darüber gezählt, Kinder und Frauen werden nicht erwähnt. Das sagt der Evangelist, damit das Wunder noch größer erscheine: *Dann nahm Jesus die Brote* (Joh 6,11) und die Fische in seine erhabenen und ehrwürdigen Hände, denen die Kraft zu vermehren eignete. In der Absicht, sie durch die Berührung seiner hochheiligen Hände zu vermehren und die unvergleichliche Gabe zu spenden, blickte er zum Himmel auf, um uns zu lehren, daß *jede gute Gabe und jedes vollkommene Geschenk von oben kommt* (Jak 1,17), und um seinen Vater zu ehren und zu zeigen, daß dieses Ereignis nicht auf natürlicher Kraft, sondern auf göttlicher Macht beruht. Dann *sprach er das Dankgebet* (Joh 6,11) zum Vater und gab damit zu verstehen, wie sehr er sich über unseren geistlichen Fortschritt freue, und nach Chrysostomus lehrte er uns, daß wir Gott immerdar danken sollen, ob wir nun leiblich oder geistig gesättigt werden. Wir sollen die Speise nicht berühren, bevor wir dem gedankt haben, der uns die Nahrung gereicht hat und der uns die *Speise zur rechten Zeit* (Ps 145,15) gibt. Gleicherweise *segnete er* die Brote, um sie durch seine

Segnung zu vermehren, so wie er am Anfang der Erschaffung der Welt mit der Segnung aller Geschöpfe diesen die natürliche Fähigkeit verlieh, sich aus sich selbst zu vermehren. Nachdem sie seinen Segen einmal empfangen hatten, haben sie bis zum heutigen Tag nicht aufgehört, fruchtbar zu sein. Darin gibt er uns ein Beispiel, daß wir zu Beginn einer Mahlzeit das Brot Gott darbringen und über dieses den Segen von oben erbitten und nicht zu Tisch gehen oder Speise genießen sollen ohne vorherigen Segen. Und diesen Segen hat Christus, wie man annimmt, in einigen Worten ausgedrückt und in ihrer Kraft das Geschaffene sowohl geheiligt wie vermehrt; aber was für Worte das gewesen sind, sagen die Evangelisten nicht, denn vielleicht hatte er sie leise gesprochen. *Und er brach* die Brote in große Stücke; das heißt, nicht in kleine Stückchen, um uns zu lehren, unser Brot großzügig zu brechen und mit den Armen zu teilen. Und so wurde diese Materie in den Händen Christi gebrochen und vermehrt in der Kraft seiner Gottheit, deren Werkzeug und Instrument seine Menschheit ist. Nach Chrysostomus vermehrte er das Brot und die Fische, um anzuzeigen, daß er über das Wasser und das trockene Land herrscht. Er brach also die Brote, und während er sie brach, vermehrte er sie; *dann gab er* die vermehrten Brote und Fische seinen *Jüngern* (Lk 9,16), damit diese sie der Menge vorsetzten, zum Zeichen, daß die zeitlichen Güter den Vorstehern anvertraut sind, damit sie die Armen ernähren. So teilte er die Brote durch seine Jünger aus, das heißt, er ließ sie denen austeilen, die sich gelagert hatten. Denn das Amt der Vorsteher ist es, zu dienen und nicht, bedient zu werden. [LXVII,5]

Zwölf Körbe wurden mit den übriggebliebenen Brotstücken gefüllt. – Der Herr vermehrte diese Brote und Fische so, daß alle ihren Hunger stillen konnten und viele Stücke übrigblieben. Deshalb folgt: *Als die Menge satt war* – denn alle hatten gegessen und waren satt geworden, was auf eine himmlische, die Heiligen vollauf sättigende Speisung hindeutet –, da *sagte Jesus zu seinen Jüngern* (Joh 6,12), sie sollten die übriggebliebenen Brotstücke sammeln, um später Bedürftige damit zu speisen. So machte es der reiche Prasser beim Festmahl nicht; was bei ihm übrigblieb, bekamen die Hunde, nicht die Armen; ähnliches tun auch heute viele oder noch Schlimmeres. Indem der Herr die Menge speiste, gab er uns ein Beispiel, daß wir Werke der Barmherzigkeit mit Eifer verrichten sollen, und wenn dies auch mühsam ist, so doch auch überaus fruchtbar. Mit den übriggebliebenen Brotstücken *sammelten und füllten sie zwölf* große geflochtene *Körbe* (Joh 6,13), die mit Schlingen, durch die man die Arme steckt, auf dem Rücken getragen werden. Gewiß füllte jeder Apostel einen Korb für sich, damit, wohin er ihn auch immer auf den Schultern trug, das unerhörte Wunder bekannt werde. So wurde das Wunder des Herrn noch größer: Es wäre in der Tat schon ein großes Wunder gewesen, wenn von den fünf Broten und zwei Fischen, nach der Sättigung von fünftausend Männern, nichts mehr übrig geblieben wäre. Aber das Staunen über dieses Zeichen wuchs noch, weil nicht nur fünftausend Männer satt geworden waren, sondern auch noch so viele Brotstücke übrigblieben, daß sie zwölf Körbe füllten. Auch das trägt zur Offensichtlichkeit des Wunders bei, daß mehr übrig blieb, als zu Beginn vorhanden war. Und nach Cyrill geschah dies, damit an dieser Stelle augenfällig bewiesen werde, daß Werke der Nächstenliebe von Gott reichlich belohnt werden. Und Theophylactus sagt, wir sollen lernen, wie viel die Gastfreundschaft vermag und wie sehr sich unser Gut vermehrt, wenn wir Bedürftigen helfen. [LXVII,6]

5. DER HERR WANDELT AUF DEM SEE UND RICHTET PETRUS AUF, DAMIT ER NICHT VERSINKE

DIE EINTEILUNG DER NACHT IN VIER NACHTWACHEN. – Während der Herr allein auf dem Berg betete, wurde *das Boot*, in dem die Jünger saßen, *mitten auf dem See* (Mk 6,47) *von den Wellen hin und her geworfen*; sie ruderten angestrengt, *denn sie hatten Gegenwind* (Mt 14,24). Lerne daraus, wie sehr die Abwesenheit Christi zu fürchten ist; denn jene, die sich von Christus fernhalten, sind Anfechtungen ausgesetzt. Betrachte sie deshalb und leide mit ihnen, da sie in großer Angst und Not sind. Das Unwetter ist über sie hereingebrochen, es ist Nacht, und sie sind ohne ihren Herrn. Da sie sich aber die ganze Nacht hindurch unentwegt abgemüht hatten, *sah der Herr* mit den Augen des Erbarmens, *wie sie sich beim Rudern abmühten*; und *in der vierten Nachtwache* stieg er vom Berg herab, *ging auf dem See zu ihnen hin* (Mk 6,48) und näherte sich ihnen. – Die Nacht wird bei den Römern in vier Teile eingeteilt nach den vier Nachtwachen, die je vier Soldaten in den Lagern halten und sich dabei gegenseitig ablösen. Die erste heißt ›Schweigezeit‹, weil dann alle schweigen, während sie schlafen und sich ruhig verhalten; die zweite wird ›tiefe Nacht‹ genannt, weil es noch nicht Zeit ist, aufzustehen und zu arbeiten. Die dritte Nachtwache nennt man ›Hahnenschrei‹, weil dann der Hahn zu krähen beginnt, die vierte heißt ›vor Tagesanbruch‹, weil sie dem Sonnenaufgang vorausgeht. So ist jede Nacht in Abschnitte von drei Stunden eingeteilt, denn Hieronymus berichtet, die militärischen Nachtwachen würden in Zeitabschnitte von je drei Stunden eingeteilt. [LXIX,1]

DER HERR NÄHERT SICH DEN JÜNGERN, INDEM ER AUF DEM WASSER WANDELT. – Als Christus sich dem Boot näherte und *ihn die Jünger über den See kommen sahen, erschraken sie, weil sie* vor Angst *meinten, es sei ein Gespenst* (Mt 14,26), ein körperloses Wesen oder irgendein böser Geist, der ihnen schaden wolle. Und doch hatten sie ihn schon so große Wunder wirken sehen, daß sie hätten glauben sollen, daß er auch auf dem Wasser wandeln könne. Und damit offenkundig werde, wie gering ihr Glaube war, *wollte er an ihnen vorübergehen* (Mk 6,48); das heißt, er verhielt sich auf dieselbe Weise wie gleich nach seiner Auferstehung, als er mit den beiden Jüngern wanderte und, weil er nicht erkannt wurde, so *tat, als wolle er weitergehen* (Lk 24,28). Solche Erscheinungen geschehen meist entsprechend der inneren Einstellung jener, denen sie zuteil werden. Deshalb *wollte er* auch zu dieser Stunde *vorübergehen* (Mk 6,48), damit die erwiesene Gnade willkommener und die Befreiung wohltuender sei. So *tat er, als wolle er weitergehen* (Lk 24,28), um ihr Verlangen zu wekken. Andererseits wollte der gütige Herr nicht, daß sie noch weiter geplagt würden oder vor Furcht vergingen, denn *nahe ist er allen, die ihn rufen* (Ps 145,18). Sogleich beruhigte er sie und *sagte: Habt Vertrauen,* verzweifelt nicht in der Not: *Ich bin es,* der Befreier, also kein Gespenst; *fürchtet euch nicht* (Mt 14,27), denn ich kann euch der Gefahr des Wassers entreißen. Hieronymus meint, er habe nicht gesagt, wer er sei, da sie den Meister an der ihnen bekannten Stimme erkennen oder auch verstehen konnten, daß dieser selbst es war, der zu Mose gesagt hatte: *Der »Ich bin da« hat mich zu euch gesandt* (Ex 3,14). Dazu bemerkt Chrysostomus: »Sie erkannten seine Gestalt in der Dunkelheit nicht, aber an der Stimme erkannten sie ihn sofort, und ihre Furcht verschwand.« Und Theophilus fügt hinzu: »Wenn uns aber Menschen oder Dämonen in Furcht zu versetzen trachten, hören wir auf die Worte Christi: *Ich bin es, fürchtet euch nicht,* das heißt, ich werde euch immer beistehen, und wie Gott bin ich da und verlasse euch nicht. Verliert nicht den Glauben an mich wegen falscher Schreckgespenste.« [LXIX,3]

Der Gang des Petrus auf dem See. – In aufwallender Liebe und vom Verlangen getrieben, zum Herrn zu kommen und bei ihm zu sein, sagte Petrus: *Herr, wenn du es bist,* nämlich der Befreier und Erlöser, *so befiehl, daß ich auf dem Wasser zu dir komme* (Mt 14,28). Als sagte er, nach Hieronymus: Befiehl du, und die Wellen werden sich sogleich verfestigen; der Leib, der an sich schwer ist, wird leicht. Da bedeutete ihm der Herr mit Wort und Gebärde, er solle kommen. Im Vertrauen auf die Macht des Herrn sprang Petrus in den See und begann auf dem Wasser zu wandeln, um zu Jesus zu kommen. Selige Bewegung, die mit Verachtung über die Wasser irdischen Wohlstandes schreitet, noch seliger aber das Ziel, weil Petrus so zu Jesus, dem Retter der Seelen, zu gelangen suchte. So sehr verlangte er nach der Gesellschaft Christi, daß er sein Kommen bis zum Boot nicht abwarten, sondern ihm auf dem Wasser entgegeneilen wollte und aus Liebe zu Christus das drohende Wasser vergaß. Überall zeigt sich, daß Petrus von einem überaus starken und lebendigen Glauben beseelt war. Er hätte sich nämlich dem tiefen See nicht anvertraut, wenn er nicht einen ganz sicheren Glauben an den Herrn gehabt hätte. Er wußte, daß unserem Retter alles möglich ist, und glaubte, daß dieser über das Wasser nicht weniger Macht habe als über das Land. Und bei diesem Wunder zeigte sich noch besser, daß nicht nur Christus, von der Macht seiner Gottheit getragen, auf dem Wasser wandelte, sondern auch Petrus durch diese selbe Macht zu ihm schritt. *Als er* dann aber *sah, wie heftig* und stark *der Wind war, bekam er* aus menschlicher Schwäche *Angst* (Mt 14,30) und schwankte. Weil er ein wenig zweifelte, versank er ein wenig. Der Glaube brannte, aber die menschliche Schwäche zog ihn in die Tiefe. Der Herr ließ ihn auf dem See wandeln, um die Macht seiner Gottheit zu offenbaren; er ließ ihn versinken, damit Petrus seine eigene Schwäche erkenne, sich nicht für Gott gleich halte und hochmütig werde. Eine kleine Weile wurde er der Versuchung überlassen, damit sein Glaube durch das Gebet wachse und er darauf vertraue, auf den Befehl des Herrn hin gerettet zu werden. Und als er *zu sinken begann,* rief er sogleich den Herrn an, und *Jesus streckte sofort die Hand aus, ergriff ihn,* und während er ihn ins Boot zurückzog, sagte er zu ihm: *Du Kleingläubiger, warum hast du gezweifelt?* (Mt 14,31). An dieser Kleingläubigkeit Petri zeigt sich, daß er, der auf Geheiß Gottes auf den flüssigen Wassern wandelte, den Gegenwind nicht hätte fürchten müssen. Dazu sagt Chrysostomus: »Um darauf hinzuweisen, daß nicht die Zunahme des Windes, sondern die Kleingläubigkeit des Petrus die Gefahr heraufbeschwor, deshalb wird hinzugefügt: *Du Kleingläubiger, warum hast du gezweifelt?* Daraus wird klar, daß auch der Wind Petrus nicht hätte schaden können, wenn sein Glaube stark gewesen wäre. Petrus war ein *Kleingläubiger,* wenn man bedenkt, wie wenig ihm sein Glaube genützt hat; und doch besaß er einen großen und glühenden Glauben im Vergleich zu dem unseren.« Dazu sagt Hieronymus: »Wenn schon dem Apostel Petrus, der vertrauensvoll den Erlöser gebeten hatte: *Herr, wenn du es bist, so befiehl, daß ich auf dem Wasser zu dir komme,* gesagt wurde: *Du Kleingläubiger, warum hast du gezweifelt?*, weil er sich nur ein wenig fürchtete, was wird dann erst zu uns gesagt werden müssen, die wir nicht einmal einen geringen Bruchteil von diesem kleinen Glauben haben?« [LXIX,4]

ALS JESUS INS BOOT GESTIEGEN WAR, LEGTE SICH DER WIND .... – Der Herr stieg ins Boot, *der Wind legte sich* (Mt 14,32), ebenso der Sturm, und alles war still. Darin offenbarte sich Christus als Herr über die Lüfte, wie er sich bei seinem Gang über den See als Herr über die Wasser geoffenbart hatte. Damit wird uns zu verstehen gegeben, daß der Herr uns eine Weile in Bedrängnis läßt, damit unsere Standhaftigkeit erprobt werde; am Ende aber und in der Not verläßt er uns nicht, sondern bleibt uns nahe. ... [LXIX,5]

DRITTER TEIL

1. DIE VERKLÄRUNG DES HERRN

VORBEMERKUNGEN ZUR VERKLÄRUNG DES HERRN. – Was Christus schon zuvor verheißen hatte (vgl. Mt 16,27f.), das löste er ein wie geschrieben steht: *Sechs Tage danach* (Mt 17,1) – sofern man nach Matthäus... den ersten und letzten Tag nicht mitzählt oder nach Lukas, *etwa acht Tage danach* (Lk 9,28), den ersten Tag, als er es verhieß, wie auch den letzten, an dem er es einlöste, mitrechnet – : da *nahm Jesus Petrus, Jakobus und Johannes beiseite und führte sie auf einen hohen Berg* (Mk 9,2), nämlich den Tabor, der vier Meilen östlich von Nazaret liegt, *um* dort *zu beten* (Lk 9,28). ... [III,1]

DAS WUNDER DER VERKLÄRUNG. – Die Wirkung des Gebetes aber zeigt an, worum er gebetet hatte, nämlich daß seinen Aposteln die Herrlichkeit der künftigen Auferstehung offenbart werde. *Und während er* also *betete* (Lk 9,29), *wurde er vor ihren Augen verwandelt* (Mk 9,2). Es heißt nicht, er habe sich verwandelt, damit so ersichtlich werde, daß diese Verwandlung durch die Macht der Dreifaltigkeit geschah, aber an seiner menschlichen Natur. Und *während er betete, veränderte sich das Aussehen seines Gesichts* (Lk 9,29). Eifer und Hingabe im Gebet sind die Voraussetzung für die Verwandlung und Ekstase des Geistes. Deshalb geriet Petrus, während er betete, in Ekstase. Betrachte beides gut und vergegenwärtige dir, daß dieser Eifer und diese Hingabe sehr zu rühmen sind. *Sein Angesicht leuchtete wie die Sonne*, ja noch mehr als die Sonne, – denn es gibt nichts Helleres, womit es verglichen werden könnte. *Seine Kleider wurden blendend weiß* (Mt 17,2) *wie Schnee* (Mt 28,3), so von Licht durchschimmert, daß sie weißer als weiß erschienen. Nach der

Überzeugung Augustins ging das blendende Weiß der Gewänder vom Glanz seines Angesichts aus, und die wirkliche Verwandlung vollzog sich im Angesicht und nicht am Gewand. Er gab die Substanz seines Fleisches nicht auf, noch entzog er sich der Wirklichkeit seines Leibes, sondern verlieh ihm zusätzlichen Glanz. Daher sagt Lukas, daß *sich das Aussehen seines Angesichts veränderte* (Lk 9,29), sonst aber nichts. Im sterblichen Fleisch offenbarte er die Herrlichkeit seiner Unsterblichkeit und seiner Auferstehung wie auch der unseren, nicht an sich, sondern nach seinem Willen im Licht der vergänglichen Welt, um uns so der von ihm verheißenen Herrlichkeit gewisser zu machen. Siehe, was für eine Bürgschaft unserer Glückseligkeit wir haben! Die Verklärung war nichts anderes als eine erste Ankündi-gung seiner zweiten Ankunft, bei der sowohl Christus selbst als auch seine Heiligen heller als die Sonne leuchten werden; deshalb nahm er nicht die Eigenschaft der Helligkeit selber an, sondern nur ihr irdisches Abbild. ... [III,2]

Die Erscheinung des Mose und Elija um des Herrn willen. – *Da erschienen plötzlich vor ihren Augen Mose*, der, seiner Seele nach schon gestorben, in einem angenommenen, ihm ähnlichen Leib erschien – wie die Engel, wenn sie erscheinen, einen Leib annehmen –, *und Elija* (Mt 17,3), der, dem Geist und dem Leib nach noch immer lebendig, aus dem Paradies herbeigeführt wurde. Diese beiden, eher als andere, erschienen mit Christus, der eine tot, der andere bis anhin lebendig, zum Zeichen dafür, daß Christus der Herr ist über Lebende und Tote wie über Leben und Tod. Auch sollte ihr Erscheinen bedeuten, daß die Gerechten, als Tote wie Mose oder als Lebende wie Elija, zur Zeit des Gerichtes wieder erscheinen, entweder als Lebende im Fleisch oder als vom Tod Erweckte, um mit Christus in seiner Herrlichkeit zu herrschen. Ferner sollten sie Christus als den kundtun, den die Schriften des Gesetzes und der Propheten geweissagt und verheißen haben, wobei sich erweist, daß das Gesetz und die Propheten der Lehre Christi nicht zuwiderlaufen, ja daß das Endziel des Gesetzes und der Propheten die Predigt Christi ist und seine Herrlichkeit; deshalb waren sie gekommen. Und Christus selbst wollte zeigen, daß er über dem Gesetz steht, das Mose als Gesetzgeber erlassen hatte, wie auch über den Propheten, unter denen Elija als Prediger herausragte. Mose bedeutet das Gesetz, Elija die Propheten, der Herr aber das Evangelium. Deshalb erschien der Herr in der Mitte zwischen Mose und Elija, wie er selbst und das Evangelium Gesetz und Propheten zum Zeugnis haben. ... *Und sie redeten mit Jesus* (Mt 17,3) *und sprachen von seinem Ende, das sich in Jerusalem erfüllen sollte* (Lk 9,31), das heißt von seinem Leiden und seinem Übermaß an Liebe, Schmerz und Demut. Dort nämlich überstieg die Liebe jegliches Maß, wie es bei Johannes heißt: *Eine größere Liebe hat niemand* (Joh 15,13) ... [III,4]

Der Vorschlag des Petrus, der auf dem Berg Tabor bleiben möchte. – ... Da *sagte Petrus,* der Leidenschaftlichste, *zu Jesus: Meister, es ist gut, daß wir hier* auf dem Berg *sind* und in der Wonne der Schau. Wer Himmlisches gekostet hat, dem wird Geringeres fade. Dazu bemerkt Hrabanus: »Je reichlicher jemand die Wonne des himmlischen Lebens verkostet hat, desto mehr widersteht ihm alles, was geringer ist.« *Wenn du willst, wollen wir drei Hütten bauen,* um für immer hier zu bleiben, *eine für dich, eine für Mose und eine für Elija* (Lk 9,33). Petrus sprach nicht davon, auch für sich und seine Gefährten eine Hütte zu bauen, wohl in der Annahme, er und seine Gefährten würden als Jünger mit dem Meister zusammen in seiner Hütte wohnen. Veranlaßt durch den kleinen Vorgeschmack der Teilnahme an der künftigen, an Christus erschauten Herrlichkeit, wünschte er, Christus und auch sie sollten auf dem Berg bleiben. Woraus wir lernen, daß es nicht schwierig ist, für Christus zu erleiden, weder Marter, Kreuz noch Tod, damit wir zum Berg der himmlischen Herrlichkeit gelangen. ... [III,5]

Die Stimme des ewigen Vaters verkündet, dass Christus sein eingeborener Sohn ist. – Um die Apostel über die Gottheit des eingeborenen Sohnes Gottes zu belehren, *rief*, nach dem Zeugnis des Mose und Elija *die Stimme* des Vaters *aus der Wolke* und bezeugte in Form eines Donnerschlags: *Das ist mein Sohn*, nicht ein angenommener, sondern der mir gleichwesentliche, der *geliebte*, eingeborene und eigene, der von keinem anderen gezeugt noch angenommen worden ist. Nach Ambrosius ist er weder des Elija noch des Mose Sohn, sondern: *Das ist* der *Sohn*, den ihr nun allein seht; denn jene anderen wichen sogleich zurück, als der Herr diesen einzigen zu bezeichnen begann, damit die Apostel sich nicht irrten. *An dem ich Wohlgefallen gefunden habe*, das heißt, durch den es mir gefallen hat, die Erlösung der Welt zu vollenden; oder, mit den Worten des Chrysostomus, an dem ich Gefallen finde, in dem ich ruhe, den ich annehme, weil er alles, was des Vaters ist, mit Sorgfalt ausführt und eines und desselben Willens ist mit dem Vater. Deshalb widersprich ihm nicht, selbst wenn er gekreuzigt werden will. *Auf ihn sollt ihr hören* (Mt 17,5), mehr als auf Mose oder Elija, weil *Christus die Vollendung des Gesetzes* (Röm 10,4) und der Propheten *ist. Auf ihn sollt ihr hören* als auf euren höchsten und alleinigen Meister, der euch in allem, was zu eurem Heil nötig ist, unterweisen wird. *Auf ihn sollt ihr hören,* weil er die *Wahrheit* ist; ihn sollt ihr suchen, weil er das *Leben* ist; ihm sollt ihr folgen, weil er der *Weg* ist (vgl. Joh 14,6). Oder wie es Remigius ausdrückt: Die Schatten des Gesetzes und die Gestalten der Propheten mögen zurückweichen; folgt einzig dem Licht des Evangeliums. Glückselige Apostel, die nicht nur die Klarheit des Herrn zu schauen gewürdigt wurden, sondern auch die donnernde Stimme des Vaters vernahmen. Von dieser Glückseligkeit werden auch wir nicht ausgeschlossen sein, wenn wir an den glauben, an den jene geglaubt haben, wenn wir wie sie in der Liebe leben und den aus ganzem Herzen lieben, den jene geliebt haben. [III,7]

DIE FURCHT DER JÜNGER UND WIE CHRISTUS GÜTIG ZU IHNEN SPRICHT. – Doch weil die menschliche Schwäche von der Gegenwart der göttlichen Hoheit erdrückt wird und die Majestät der Gottheit, den Anblick ihrer erhabenen Herrlichkeit, nicht ertragen kann, deshalb *warfen sie sich mit dem Gesicht zu Boden* (Mt 17,6), fielen also nicht rückwärts zu Boden wie die Bösen, während sie die furchterregende Stimme aus der Wolke vernahmen. Dazu bemerkt Remigius: »Daß die heiligen Jünger sich mit dem Gesicht zu Boden warfen, kennzeichnet ihre Heiligkeit, denn Gottlose fallen nämlich wie Eli rückwärts.« Die Gerechten werfen sich also mit dem Gesicht zu Boden, sei es aus Furcht wie hier, sei es aus Demut wie die

Weisen: *Da fielen sie nieder und huldigten ihm* (Mt 2,11), in einer Art Danksagung wie die Ältesten, die sich beim Anblick des Thrones auf ihr Gesicht niederwarfen. *Und sie fürchteten sich sehr* (Mt 17,6), weil sie erkannten, daß sie sich geirrt hatten, als die weiße Wolke erschien und sie eine Stimme wie einen Donnerschlag vernahmen, die des Vaters nämlich, dessen Hoheit Furcht gebietet. Beim Ertönen dieser Stimme flohen, wie Ephräm sagt, die Propheten, die Apostel aber *warfen sich nieder und fürchteten sich.* Der Donnerschlag war wahrlich furchtbar, da selbst die Erde unter ihrem Dröhnen erzitterte. Doch die von ihrer menschlichen Schwäche Niedergedrückten tröstete der himmlische Meister gütig in Wort und Tat und richtete sie wieder auf. Denn *da trat Jesus* gütig *zu ihnen,* weil sie sich aus eigener Kraft nicht aufzurichten vermochten, *faßte sie* sanft und freundlich *an,* um durch die Berührung die geschwächten Glieder zu stärken, *und sagte*, damit Schrecken und Furcht von ihnen wichen: *Steht auf,* damit sie sich erhöben, *habt keine Angst* (Mt 17,7), um ihren Schrecken zu vertreiben. Glückselig jene, die Jesus berührt; glückselig jene, die vom Heil und vom Leben berührt werden. Sie standen nämlich auf und wurden furchtlos und ruhig. Bitten wir deshalb den Herrn, daß er auch uns berühre und aus dem Schlaf der Trägheit und des Unverstandes aufwecke, uns die Augen öffne, damit wir ihn sehen. ... [III,8]

SIEBEN GRÜNDE FÜR DAS GEBOT DES HERRN AN DIE APOSTEL, MIT NIEMANDEM ÜBER DIE SCHAU DER VERKLÄRUNG ZU SPRECHEN. – *Während Jesus mit seinen Jüngern den Berg hinabstieg, gebot er ihnen* (Mt 17,9) durch verpflichtende Anweisung, vor seiner Auferstehung von den Toten mit niemandem über die Schau der

Herrlichkeit seiner Verklärung zu sprechen. Als ersten Grund dafür führt Hieronymus an: damit das Berichtete seiner Erhabenheit wegen nicht als unglaubwürdig erscheine. Als zweiten nennt Thomas: damit die Leute, die so Glorreiches über Jesus hörten, nicht später, wenn sie ihn als Gekreuzigten erblickten, Anstoß nähmen. Remigius führt als dritten Grund an: damit die Verkündigung seiner Herrlichkeit nicht den Ertrag des Leidens mindere. Denn wäre dem Volk die Hoheit Christi bekannt gewesen, hätten sich sehr viele den Hohenpriestern widersetzt, sein Leiden wäre so verhindert und die Erlösung des Menschengeschlechts verzögert worden. Hilarius erklärt als vierten Grund, daß die Jünger erst dann Zeugen der Gottheit Christi sein konnten, als sie mit dem Heiligen Geist erfüllt und von ihm dazu gestärkt worden waren, für eine so bedeutende Erscheinung Zeugnis abzulegen. Johannes Damascenus nennt als fünften Grund, daß die anderen, bisher noch unvollkommenen Jünger betrübt gewesen wären, weil sie diese Erscheinung nicht gesehen hatten, während sie Judas noch heftiger zum Verrat am Erlöser angereizt hätte. Da, sechstens, die Auferstehung Christi sehr bezweifelt wurde, ist diese Erscheinung geheim gehalten worden, um sie in einer Zeit bekannt zu geben, da sie zur Bezeugung der Auferstehung am meisten beitragen konnte, denn für diese lieferte die Herrlichkeit der Verklärung keinen geringen Beweis. Und auch die Schau selber erschien dann glaubwürdiger, da durch die sichtbar erfolgte Auferstehung auf sie verwiesen wurde. Siebtens soll uns ein Beispiel gegeben werden, daß, was uns Lob und Herrlichkeit einbringt, verborgen gehalten werden muß, solange wir in diesem sterblichen Dasein weilen, und daher tun sollen, was im Buch Ecclesiasticus steht: *Lobe keinen Menschen wegen seiner schönen Gestalt* (Sir 11,2), und: *Lobe niemanden vor seinem Tod* (Sir 11,28). ... [III,10]

2. DIE AUFERWECKUNG DES LAZARUS

DIE KRANKHEIT DES LAZARUS WIRD CHRISTUS GEMELDET. – Als sich Jesus mit seinen Jüngern jenseits des Jordans aufhielt, an dem Ort, wo Johannes zuerst getauft hatte, erkrankte Lazarus, der Bruder der Maria und Marta in Betanien, das etwa eine Tagesreise von dort entfernt liegt. Seine Schwestern, welche die Genesung ihres Bruders ersehnten, *sandten Jesus* die Nachricht, damit er sie von ihrem Schmerz, jenen aber von seiner Krankheit befreie: *Herr, siehe, der, den du lieb hast, ist krank* (Joh 11,3). Nichts weiter erbaten sie von ihm; es war genug, die Not des Freundes dem Freund mitzuteilen, ohne irgendeine besondere Bitte beizufügen. Wer nämlich seinem Nächsten in der Not nicht hilft oder ihm nicht beisteht, ist nicht sein Freund und liebt ihn nicht. Dazu meint Augustinus: »Die Schwestern sagten nicht: Komm und mach ihn gesund; auch wagten sie nicht zu sagen: Befiehl du dort, und es geschehe hier, sondern lediglich: *Herr, siehe, der, den du lieb hast, ist krank.* Als sagten sie: Es genügt, daß du es weißt; du liebst ihn und wirst ihn nicht im Stich lassen.« ... [XVII,1]

IN WELCHEM SINN HAT CHRISTUS ZU SEINEN JÜNGERN GESAGT: LAZARUS, UNSER FREUND, SCHLÄFT? – Als der Herr durch die Schwestern des Lazarus die Nachricht erhalten hatte, daß dieser krank sei, *sagte er: Diese Krankheit wird nicht zum Tode führen*, das heißt, sie wird ihn nicht im Tod festhalten, *sondern* sie *dient der Verherrlichung Gottes*, denn: *Durch sie soll der Sohn Gottes verherrlicht werden* (Joh 11,4), damit bei der Kundgabe seiner Macht und durch die Auferweckung des Lazarus die Wahrheit der Gottheit Christi offenbar werde. Hierin lag der Zweck der Krankheit. *Und er blieb* nach dem Tod des Lazarus, der am selben Tag gestorben war, noch *zwei Tage* jenseits des Jordans *an dem Ort* (Joh 11,6), wo er sich gerade aufhielt und die Nachricht erhalten hatte. Er verschob das Heilen, um auferwecken zu können. Zur größeren Gewißheit und Offensichtlichkeit des Wunders wartete er, bis vier Tage nach dem Tod vorbei waren, um Lazarus auf wunderbarere und aufsehenerregendere Weise aufzuerwecken. Dazu vermerkt Chrysostomus: »*Er blieb noch zwei Tage,* das heißt, nach dem Tod und Begräbnis des Lazarus, so daß niemand sagen könne, er habe ihn auferweckt, als er noch nicht gestorben war; es sei bloß Erstarrung, kein Tod gewesen.« Dann *sagte er* unter anderem zu seinen Jüngern: *Lazarus, unser Freund, schläft; aber ich gehe hin, um ihn vom Schlaf aufzuwecken* (Joh 11,11). Seinen Tod nennt er Schlummer und Schlaf, denn Lazarus sollte bald auferstehen. So schlief er nach Augustinus für den Herrn, der ihn auferwecken konnte; für andere war er tot, denn für Christus ist es leicht, einen Toten aus dem Grab zu erwecken, leichter sogar, als es für andere ist, einen Schlafenden aus dem Bett zu holen. ... [XVII,2]

MARTA UND MARIA EILEN DEM HERRN ENTGEGEN. – Als er noch außerhalb des Dorfes war, vernahm Marta, daß Jesus komme; ihr oblag nämlich die Sorge für das Haus, deshalb wurde ihr die Ankunft Christi durch jemanden, der ihm vorausgeeilt war, zuerst gemeldet. Sie verließ ihre Schwester und die Juden, die von Jerusalem und anderen benachbarten Orten gekommen waren, sie zu trösten; denn die Schwestern waren angesehene Damen; sie ging allein und trat ehrerbietig und demütig vor Christus hin. ... *Marta sagte zu Jesus: Herr, wärest du hier* an diesem Ort *gewesen, dann wäre mein Bruder nicht gestorben* (Joh 11,21), denn der Tod kann nicht sein, wo das Leben ist. Und nachdem sie mit dem Herrn über die Auferstehung gesprochen hatte, *ging sie weg, rief heimlich ihre Schwester Maria und sagte zu ihr: Der Meister ist da und läßt dich rufen* (Joh 11,28). ... [XVII,4]

... DIE TRÄNEN CHRISTI. – *Als Jesus nun sah, wie* Maria *weinte, und wie auch die Juden, die mit ihr gekommen waren,* über den Tod des Freundes *weinten, war er im Innersten erregt und erschüttert* (Joh 11,33); angesichts der Trauer der Freunde zeigte er seine menschliche Betroffenheit, ... und seine innere Bewegung äußerte sich in Tränen: Menschlich mitleidend *weinte Jesus* (Joh 11,35). Auf mystische Weise wollte er lehren, daß der Mensch um seiner Sünde willen zu beweinen sei, und daß jene, die im Tod der Sünde entschlafen sind, betrauert werden müssen, damit sie wiederum lebendig zu werden verlangen. Dazu meint Alkuin: »Weil er der Quell der Liebe war, weinte er in seiner Menschheit über jenen, den er durch die Macht seiner Gottheit auferwecken konnte.« Und Augustinus: »Warum weinte Christus, wenn nicht, um die Menschen das Weinen zu lehren? Wir werden deshalb sowohl für uns als auch für all jene Tränen vergießen, die wir im Gestank der Laster darniederliegen sehen; auf daß der Herr sich vielleicht durch unsere Tränen bewegen lasse, uns und jene der Auferweckung zu würdigen.« ... [XVII,5]

Was will uns der Herr lehren, wenn er am Grab des Lazarus betet? – ... Als der Stein weggewälzt war, *erhob Jesus seine Augen* (Joh 11,41) zum Himmel, dankte dem Vater für seine Erhörung, damit die Umstehenden, die das hörten und in ihm die Kraft Gottes schauten, zu dem Glauben gelangten, daß er der Sohn Gottes sei. Dazu bemerkt Hilarius: »Er bedurfte des Bittens nicht; unseretwegen bat er, damit er nicht als der Sohn verkannt werde. Obwohl er des Bittens nicht bedurfte, wurde sie um der Stärkung unseres Glaubens willen ausgesprochen. Nicht er bedurfte des Beistands, wir vielmehr sind der Unterweisung bedürftig.« Also betete er, um uns zu lehren, in der Not unsere Zuflucht zum Gebet zu nehmen. Zu bemerken aber bleibt, daß es Christus aufgrund seiner Menschheit, in der er geringer ist als der Vater, angemessen ist, zum Vater zu beten und von ihm erhört zu werden, nicht aber auf Grund seiner Gottheit, in der er dem Vater gleich ist. Zu Beginn des Gebetes dankte er für die Erhörung, weil er sich schon erhört wußte. ... [XVII,6]

Lazarus tritt lebend aus dem Grab. – Dann *rief er mit lauter Stimme* – eher machtvoll als laut: *Lazarus, komm heraus!* (Joh 11,43): dem Leibe nach aus dem Grab; der Seele nach aus der Unterwelt. Und so erweckte er Lazarus durch die Macht seiner Stimme. Dabei ist nach Origenes zu beachten ist, daß die Verzögerung beim Wegheben des Steines durch die Schwester des Toten verursacht wurde, und daß die Auferweckung des Bruders sich so lange verzögerte, wie sie Christus mit ihren Worten aufhielt. Da aber der Bruder dem Befehl Christi sofort gehorsam folgte, wurde er vom Tod auferweckt. Daraus sollen wir lernen, zwischen den Befehlen Christi und ihrer Ausführung keine Zeit verstreichen zu lassen, wenn wir wollen, daß die Wirkung des Heils unverzüglich erfolge gemäß den Worten des Psalmisten: *Ich rufe dich an, denn du, Gott, erhörst mich* (Ps 17,6). Beachte auch, daß die Stimme Christi um der Fülle ihrer Macht willen laut genannt wird; denn sie war so kraftvoll, daß sie Lazarus vom Tod auferweckte, so wie ein Schlafender aus dem Traum oder Schlaf geweckt wird. Diese laute Stimme steht auch für die laute Stimme, die beim Jüngsten Gericht ertönen wird, durch die alle aus ihren Gräbern auferweckt werden. Denn die Macht dieser Stimme Christi war so groß, daß sie unverzüglich Leben verlieh, so wie es beim Jüngsten Gericht geschehen wird, wenn *in einem Augenblick* (1 Kor 15,52), beim Klang der Posaune, die Toten auferstehen. *Er rief,* sage ich: *Lazarus, komm heraus;* denn, nach Augustinus, rief er Lazarus bei seinem Namen, weil die Macht seiner Stimme so groß war, daß durch sie gleich alle Toten zum Heraustreten gezwungen worden wären, wenn er ihre Macht nicht durch die Nennung eines Namens auf einen einzigen beschränkt hätte. Und Lazarus wurde nicht nur von den Toten auferweckt, sondern er trat hervor und kam heraus, obwohl *seine Füße und Hände mit Binden umwickelt* waren, das heißt mit den Binden, mit denen man früher die Toten zu umwickeln pflegte. *Und sein Gesicht war mit einem Schweißtuch umbunden* (Joh 11,44), damit es kein Entsetzen verursache. Darin kommt die göttliche Macht und die Gewißheit des Wunders deutlich zum Ausdruck, da er dem Gebundenen und Verhüllten aufzustehen befahl, damit das Wunder noch besser bezeugt sei. Daher gebot der Herr den Jüngern, ihn, der gebunden herauskam, freizumachen und weggehen zu lassen, damit er sich im Leben durch seine Werke als ein wahrhaft und nicht bloß zum Schein Auferstandener erweise. [XVII,7]

3. DAS SALBÖL WIRD ÜBER DAS HAUPT JESU AUSGEGOSSEN

ALS DER HERR NACH BETANIEN KAM, BETRAT ER DAS HAUS SIMONS DES AUSSÄTZIGEN. – Als die Zeit seines Leidens herankam, näherte sich Christus dem Ort, wo er die Vorbereitung zu diesem Leiden treffen wollte, um so anzudeuten, daß er freiwillig und aus eigenem Antrieb leiden und den Tod erdulden werde. Deshalb *kam Jesus nach Betanien sechs Tage vor dem* feierlichen *Paschafest* (Joh 12,1), das heißt am sechsten Tag vor dem Paschafest, also am Sabbat vor dem Palmsonntag. ... [XXV,1]

DIE BEDEUTUNG ... DES DORT BEREITETEN MAHLES. – *Dort* [im Hause Simons des Aussätzigen] *bereiteten sie* dem Herrn *ein Mahl; Marta bediente und Lazarus*, von Simon eingeladen, *war unter denen, die mit Jesus bei Tisch waren* (Joh 12,2). Man darf wohl annehmen, daß das Mahl, das sie dem Herrn, als dem Verkünder und Freund der Einfachheit bereiteten, würdig, doch nicht üppig war. *Marta bediente* dort, weil, nach manchen Berichten, das Haus in Martas Besitz war, aber von Simon bewohnt wurde; sonst hätte sie dort wohl nicht bedient. Es kann aber auch sein, daß dieser Simon Martas Nachbar war und sie deshalb in seinem Haus bediente, wie die Leute es in den Häusern ihrer Freunde zu tun pflegen; ganz besonders aber tat sie es aus Ehrerbietung für Christus, der dort speiste. *Lazarus,* von Simon eingeladen, *war unter denen, die mit ihm bei*

Tische waren. Er war anwesend, damit das Wunder seiner Auferstehung sich als wahr erweise, damit durch die Tatsache, daß er nach seiner Auferweckung Nahrung zu sich nehme, seine Erweckung als eine nicht bloß scheinbare bestätigt sei. Augustinus sagt dazu: »Damit die Leute nicht meinten, die Auferstehung des Toten sei bloß eine Sinnestäuschung gewesen, weilte Lazarus unter denen, die bei Tisch lagen; er lebte, redete, aß; die Wahrheit wurde offenbar, der Unglaube der Juden beschämt.« ... [XXV,2]

MARIA SALBT DAS HAUPT CHRISTI MIT ECHTEM NARDENÖL. – *Maria* (Joh 12,3) *kam* also *zu Jesus,* zum Quell des Erbarmens, der unsere Krankheiten abwäscht, und sie *zerbrach* das Alabastergefäß voll *echten, kostbaren Nardenöls,* das heißt sie zerbrach das Gefäß, den Behälter aus Alabaster ... , *und goß* es (Mk 14,3) über das Haupt des dort zu Tische Liegenden, so wie man Rosenöl zur Erfrischung und um seines Duftes willen ausgießt. Hierauf *salbte sie Jesus* auch *die Füße und trocknete sie mit ihrem Haar* (Joh 12,3) – zu seinen Füßen hatte sie schon einmal so große Gnade erfahren. Der Vorfall ereignete sich damals aber in einer anderen als der hier berichteten Reihenfolge, denn zuerst wusch und trocknete sie die Füße und salbte sie nachher. *Das Haus wurde vom Duft des* ausgossenen *Salböls erfüllt* (Joh 12,4). ... [XXV,3]

DER UNWILLE UND DAS MURREN DES JUDAS ISKARIOT. – Über diese Tat Marias aber entrüstete sich *Judas Iskariot* und *sagte* (Joh 12,4) murrend: *Wozu diese Verschwendung?* (Mt 26,8). Er meinte, das Salböl werde vergeudet, da es kein Geld einbringe. Mit diesen Worten tadelte er nicht nur die Frau, weil sie das tat, sondern auch Christus, der die Tat zuließ. Siehe, was voll Hingebung für Christus aufgewendet wurde, hielt er für Verschwendung. Andere tun Ähnliches, wenn sie meinen, jede Hingabe an Gott in Gebet oder Meditation sei Verschwendung, weil sie nicht einsehen, daß solches zum Wohl des Nächsten geschieht. So wird auch einer, der in einen Orden eintritt, von vielen für einen Narren gehalten; verstrickt er sich aber im weltlichen Betrieb, halten sie ihn für höchst verständig. So sagt man allgemein auch von einem Menschen, der schwach und krank ist, er tauge zu nichts, außer um Gott dargebracht zu werden. ... [XXV,5]

Maria wird von Christus verteidigt. – Aber der Herr antwortete für Maria und verteidigte sie in der gewohnten Weise: *Warum laßt ihr die Frau nicht in Ruhe?* Das heißt soviel wie: Ihr murrt grundlos. *Sie hat ein gutes Werk an mir getan* (Mt 26,10), und so habt ihr sie nicht zu tadeln. Das ist keine Verschwendung des Salböls, wie ihr sagt, sondern ein gutes Werk, ein Dienst der Liebe und Verehrung. Laßt sie jetzt mit diesem Salböl tun, was sie kann, denn es wird *für den Tag meines Begräbnisses dienen* (Joh 12,7), daraufhin wird es bereitet, dann aber aufbewahrt bleiben, denn sie konnte es nicht ausgießen, weil die Plötzlichkeit meiner Auferstehung ihr zuvorkam. Deshalb soll man sie jetzt tun lassen, was sie dann nicht mehr wird tun können, und das hier und jetzt über mich ausgegossene Salböl wird für dann bewahrt. ... Wir sollen also glauben, daß Maria dies unter der Führung des Heiligen Geistes getan hat; denn sie wußte, daß der Herr demnächst sterben werde, wie er es selber gesagt hatte. Daher bereitete sie das Salböl und vergoß einen Teil jetzt und bewahrte den anderen für das Begräbnis. ... [XXV,8]

4. DER HERR REITET AUF DEM FÜLLEN EINER ESELIN

ER SANDTE ZWEI JÜNGER AUS, UM EINE ESELIN UND IHR FÜLLEN ZU HOLEN. – Als der Herr in Betfage ankam, *schickte er* von da aus *zwei Jünger voraus* (Mt 21,1). ... *Und sagte zu ihnen: Geht in das Dorf, das vor euch liegt* (Mt 21,2), euch gegenüber, am Fuße des Sion. ... *Gleich wenn ihr hineinkommt* (Mk 11,2), also vor dem Tor, am Eingang des Dorfes, *werdet ihr eine Eselin angebunden finden und ein Füllen bei ihr* (Mt 21,2), *auf dem noch nie ein Mensch gesessen hat* (Mk 11,2). Sie waren an einer Wegkreuzung, einem öffentlichen Ort angebunden und für den Dienst der Armen bestimmt. In jenen Regionen war es nämlich in einzelnen Städten und Dörfern Sitte, einen Esel oder sonst ein Tier zur Arbeit oder zum Reiten für die Armen, die keine eigenen Lasttiere besaßen, bereitzustellen. Wenn irgendeiner es brauchte, konnte er es für die Arbeit oder für eine Tagesreise benutzen. Für den Unterhalt des Tieres sorgten die Bewohner der Stadt gemeinsam, aber wenn es jemand benutzte, gab er ihm für diese Zeit Futter und brachte es nach Gebrauch an den dafür bestimmten Ort zurück. Dieser Brauch galt damals auch für die Bewohner Jerusalems, wo eine Eselin mit ihrem Füllen an einem öffentlichen Ort angebunden war, die beide für allgemeine Arbeiten gemeinsam gehalten wurden. Noch war aber niemand auf dem Füllen geritten; wer aber die Eselin brauchte, versorgte beide mit Futter. Dann heißt es: *Bindet sie los und bringt sie zu mir* (Mt 21,2). Dazu sagt Chrysostomus: »Beachte, was für ein niedriges und verachtetes Tier Christus, der König der Könige, erwählte, um sich darauf zu setzen, als er nach Jerusalem hineinritt.«

Und wenn euch jemand zur Rede stellt, dann sagt: Der Herr über allen *braucht sie, er läßt sie aber bald* ohne Verzug *zurückbringen* (Mt 21,3). Chrysostomus meint dazu, daß die Macht Christi das Herz des Besitzers und Wächters jener Tiere bewegte und willig machte, sie den Jüngern auf ihr Wort hin zu überlassen, obgleich diese ihm unbekannt waren. [XXVI,2]

Das Ausbreiten der Kleider. – *Die Jünger gingen,* denn als wahrhaft Gehorchende verweigerten sie diesen Liebesdienst nicht als unter ihrer Würde, sondern *taten, was Jesus ihnen aufgetragen hatte. Sie brachten die Eselin und das Füllen, legten ihre Kleider auf sie und ließen ihn darauf Platz nehmen* (Mt 21,6f.). So schickt es sich auch für uns, wie Basilius sagt, niedrigste Arbeiten mit größter Bereitschaft und höchstem Eifer anzupakken, im Wissen, daß etwas, das in Hinblick auf Gott geschieht, nichts Geringes, sondern des Himmelreiches Würdiges ist. Mit den Kleidern der Apostel, womit die Häßlichkeit des Fleisches bedeckt und dem Herrn ein geschmückter Sitz bereitet wurde, werden die apostolischen Anweisungen, Beispiele und Lehren zur Unterweisung der menschlichen Herzen bedeutet, damit sie Gott als Bewohner in sich aufnehmen können. Wenn diese Lehren von Juden und Heiden angenommen sind, dann läßt sich Christus in ihnen nieder; denn eine Seele, die darin nicht unterwiesen und damit nicht geschmückt ist, verdient nicht, zum Sitz Gottes zu werden. Dazu bemerkt Bernhard: »Damit der Herr auf dem Esel reiten konnte, breiteten die Jünger ihre Kleider über ihn aus und deuteten damit an, daß der Heiland oder das Heil keinesfalls in einer nackten Seele Platz nimmt, die er nicht mit der Lehre und den Sitten der Apostel bekleidet findet.« [XXVI,7]

5. DER GLANZVOLLE EMPFANG DES HERRN AM PALMSONNTAG

DER FRIEDLICHE TRIUMPHZUG DES HERRN. – *Als* Jesus mit vielen Begleitern, die ihm zum großen Teil von Jericho gefolgt waren, *an die Stelle kam, wo der Weg vom Ölberg hinabführt* (Lk 19,37), *breiteten viele ihre Kleider auf der Straße aus, andere schnitten* grüne *Zweige von den* fruchttragenden *Bäumen,* mit denen der Ölberg bepflanzt ist, *und streuten sie auf den Weg* (Mt 21,8), um ihn zu schmücken und zu verhindern, daß das Lasttier sich an einem Stein verletze, auf eine Distel trete oder in eine Grube falle. Der Ölberg ist nämlich ein sehr fruchtbarer und schöner Berg, von vielen Bäumen, meist Ölbäumen bewachsen, nach denen er benannt ist. Zahlreich waren die Leute, die aus allen Stämmen Israels zum Festtag in Jerusalem zusammenkamen, weil alle zum Paschafest nach Jerusalem zu kommen verpflichtet waren. Junge Männer und einfache Leute aus Jerusalem, die wußten, daß Jesus kommen werde, *nahmen Palmzweige* und Zweige von Ölbäumen, *und zogen ihm* ehrerbietig bis zum Ölberg *entgegen* (Joh 12,13). Sie empfingen ihn wie einen König mit Hymnen und Gesängen sowie mit ihren ausgebreiteten Kleidern und abgeschnittenen Palmzweigen und geleiteten ihn in großer Freude und ehrenvoll bis nach Jerusalem, indem sie sangen:

Ruhm, Preis und Ehre sei dir,
Christus König und Erlöser.

Das aber geschah durch göttliche Verfügung als Hinweis auf den Sieg, den Christus der Herr bald erringen sollte, indem er sterbend den Tod überwand und im Zeichen des Kreuzes über den Teufel, den Fürst des Todes, triumphierte. Dieser Einzug war in der

Bundeslade vorgebildet, die David unter Jubel hinabführte. Nachdem Lazarus erweckt und das Salböl über Jesu Haupt ausgegossen worden war und der Duft seines Ruhmes sich im Volk schon weit verbreitet hatte, da bestieg Jesus, der schon wußte, daß ihm die Menge entgegenkommen würde, die Eselin, um unter dem Beifall der herbeieilenden Menge ein Beispiel außergewöhnlicher Demut zu geben. Unter den anderen Wundern Christi wurden sie am meisten durch das ihnen bekannt gewordene Wunder an Lazarus zu dieser Hingabe und ehrenvollen Begegnung bewogen, weil, nach Augustinus, von allen Wundern, die unser Herr Jesus Christus gewirkt hat, die Auferweckung des Lazarus vor allem verkündet wird. Dieses Zeichen war augenscheinlicher und wunderbarer, deshalb schob er es bis zuletzt auf, um es ihrem Gedächtnis tiefer einzuprägen. Durch Wunder nämlich wurden jene angezogen, die sich durch seine Worte nicht bewegen ließen. Origenes bemerkt dazu: »Schön ist die Menschenmenge, von der wir lesen, daß sie ihm beim Abstieg vom Berg entgegeneilte, um so anzuzeigen, daß der Vollbringer des geistlichen Mysteriums vom Himmel zu ihnen gekommen war.« Und Beda meint: »Mit dem Herrn stiegen auch die Leute vom Ölberg hinab, weil jene, die des Erbarmens bedürfen, den Spuren des gedemütigten Urhebers des Erbarmens folgen müssen.« [XXVII,1]

Was bedeutet das Wort Hosanna? – Als die Menschenmenge bis zu Christus gelangt war, lief sie nach einer Bezeugung der Ehrfurcht vor ihm her, während andere ihm folgten; also schritt Christus in ihrer Mitte. Dann heißt es: *Die Leute aber, die vor ihm hergingen und die ihm folgten, riefen: Hosanna dem Sohn Davids*

(Mt 21,9). Das Wort *Hosanna* ist ein Ausdruck des Jubels wie des Lobpreises oder der Anrufung, der mehr eine allgemeine Stimmung ausdrückt, als auf etwas Bestimmtes hinweist, so wie *racha,* was nichts Genaues bezeichnet, als ein Ausruf der Entrüstung gebraucht wird. Weder Griechen noch Römer konnten deshalb den Ausdruck wörtlich übersetzen, dem Sinn nach aber übersetzen es einige mit *salvifica* [errette] oder *salvum me fac* [mache mich heil]. ... *Hosanna* bedeutet also, daß die Ankunft Christi das Heil der Welt bedeutet, sie riefen ihm zu, *errette* oder *heile* uns, denn sie hielten ihn für den Erlöser. [XXVII,2]

6. DER HERR WÄSCHT DEN JÜNGERN DIE FÜSSE

NACHDEM DER HERR SEIN GEWAND ABGELEGT HATTE, UMGÜRTETE ER SICH MIT EINEM LEINENTUCH. – Als der Herr mit seinen Jüngern in den Speisesaal kam, ließ er alle sich setzen, befahl, ihm Wasser zu bringen, und legte sein Gewand ab, damit er diesen Dienst besser erweisen könne. Beachte das viermalige Ablegen der Kleider Christi: Beim Abendmahl legte er sie ab und zog sie wieder an; an der Geißelsäule wurde er entblößt und wieder angezogen; während der Verspottung durch die Soldaten war er unbekleidet und wurde wieder angezogen; von Herodes aber steht nicht geschrieben, daß er ihn entblößt hätte. Am Kreuz wurde er seiner Kleider beraubt und nicht wieder bekleidet. Das erste Ablegen der Kleider bezieht sich auf die Apostel, die er kurz darauf [nach ihrer Flucht] wieder an sich zog; das zweite auf jene, die am Pfingsttag wieder angenommen wurden und immer wieder angenommen werden; das dritte auf alle übrigen, die am Ende wieder angenommen werden;

das vierte aber bezieht sich auf die verkehrte Mittelmäßigkeit unserer Zeit, die niemals wieder angenommen wird. – Nachdem er also seine Kleider abgelegt hatte, *umgürtete er sich mit einem Leinentuch,* bereitete sich auf die Waschung vor und unterließ nichts, was zu diesem Dienst gehört. *Dann goß er* eigenhändig, das heißt, ohne fremde Hilfe, *Wasser in eine irdene Schüssel,* und voller Liebe und Würde kam er dienstbereit, die staubigen Füße der Jünger zu waschen – sie liefen nämlich barfuß umher – *und mit dem Leinentuch abzutrocknen, mit dem er umgürtet war* (Joh 13,4f.), um an ihnen so in jeder Hinsicht einen Dienst der Demut zu tun. ... [LIV,3]

Petrus verweigert sich zuerst der Reinigung. ... – Um alles sinnvoll und in der richtigen Reihenfolge zu tun und uns dabei zu belehren, *kam er* zu Beginn seines Dienstes zuerst *zu Simon Petrus.* Dieser war nämlich der Erste unter den Aposteln, deshalb mußte bei ihm angefangen werden. Petrus, zutiefst erschreckt angesichts der Gottheit und Erhabenheit Christi, war entsetzt, wie übrigens alle anderen auch; ganz außer sich erhob er Einspruch und lehnte die nach seiner Meinung unschickliche Handlung ab. Das ziemt sich nicht, sagte er, das geht nicht an: Du der Herr, ich der Sklave; du der Gott, ich der Mensch; du der Schöpfer; ich das Geschöpf, und *du willst mir* elendem, armseligstem und niedrigstem Fischer *die* schmutzigen *Füße waschen* (Joh 13,6), das niedrigste Glied des Leibes willst du, der du Gottes Sohn bist, mir, dem Sünder waschen, mit diesen deinen Händen, mit denen du den Blinden die Augen geöffnet, die Aussätzigen geheilt und die Toten auferweckt hast? Als sagte er: Das schickt sich nicht und ist in keiner Weise zu dulden.

Ein ähnliches Wort sprach er am Anfang seiner Bekehrung: *Herr, geh weg von mir; ich bin ein Sünder* (Lk 5,8). Wie der Herr hier demütig ist im Dienen, so ist es der Sklave nicht in der Annahme dieses Dienstes. ... [LIV,4]

WEIL TATEN MEHR BEWEGEN ALS WORTE, WOLLTE CHRISTUS DEN JÜNGERN EIN BEISPIEL GEBEN. – ... *Er sagte zu ihnen: ... Ich habe euch ein Beispiel gegeben, damit, so wie ich an euch gehandelt habe,* indem ich mich unter euch erniedrigte, *auch ihr handelt* (Joh 13,15), indem ihr euch voreinander erniedrigt, besonders in einer Notlage. Als sagte er: Das habe ich nicht nur getan, um euch die leiblichen Füße zu reinigen, sondern um euch in der Demut zu unterweisen; ich habe es getan, um euch deutlich zu machen, daß ihr ebenso handeln sollt. Nach Chrysostomus achtet die christliche Religion mehr auf die Art und Weise als auf das Werk selbst, weil der Herr nicht sosehr auf das Geleistete schaut, sondern wie es getan wird. Gut hat er daran getan, die Demut durch ein Beispiel zu lehren; denn im sittlichen Leben und Tun der Menschen bewegen Beispiele mehr als Worte. So nämlich tat und wählte er, was ihm gut schien, wodurch er zeigte, daß das Gute, was er selber gewählt hat, wichtiger ist, als was er lehrt. Wenn daher jemand etwas lehrt, aber etwas anderes tut, so beeindruckt er andere mehr durch sein Tun als durch seine Lehre; deshalb ist es äußerst wichtig, gerade von dieser Tatsache ein Beispiel zu geben. *Der Sklave ist nicht größer als sein Herr, und der Abgesandte,* also der Gesandte oder Bote, *nicht größer als der, der ihn gesandt hat* (Joh 13,16); deshalb, so wie ich, der Herr und Meister, der euch sendet, mich erniedrige, so müßt auch ihr euch erniedrigen und an euresgleichen tun, was ihr mich an euch, den Geringeren, tun seht. Als sagte er mit Chrysostomus: Wenn ich so handle, um wieviel mehr sollt ihr dasselbe tun; zu Schuldnern hat uns Gott gemacht, indem er sich zuerst selbst dazu gemacht hat. *Der über den Cherubim thront* (1 Sam 4,4), hat die Füße des Verräters gewaschen; du aber, Mensch aus Erde und Asche, aus Staub und Lehm, rühmst dich deiner selbst und glaubst, viel zu wissen! Siehe, wie sehr er die Jünger mit Beispiel und Wort zur Demut aufgefordert und seiner Lehre über die Demut ein entsprechendes Werk und Beispiel vorausgeschickt hat. Auf diese treffliche Weise des Lehrens veranschaulichte er jenen Satz: *Jesus begann zu tun und zu lehren* (Apg 1,1). Dies kam auch in dem Wort an Petrus zum Ausdruck: *Doch später wirst du es begreifen* (Joh 13,7). Dazu bemerkt Augustinus: »Das ist es, glückseliger Petrus, was du nicht verstanden hast, als du das Waschen der Füße nicht dulden wolltest, dir aber verheißen wurde, du würdest es später begreifen, und damit du es zuläßt, hat dich dein Meister erschreckt, indem er dir deine Füße wusch. Brüder, lernen wir Demut von dem Erhabenen; tun wir einander demütig, was der Erhabene demütig getan hat.« [LIV,9]

7. DIE BEKANNTGABE DES VERRATS

DIE VERSTÖRUNG CHRISTI, DA ER SEINEN JÜNGERN DEN VERRAT DES JUDAS VERKÜNDET. – ... *Und während sie aßen, sprach er: Amen, ich sage euch: Einer von euch* Zwölfen, die ihr immer bei mir seid, denen ich die Füße gewaschen und denen ich soviel verheißen habe, *wird mich,* den Herrn, *verraten* (Mt 26,21), mich, den Lehrer und Retter; *einer von euch*: der Zahl, nicht aber der Würdigkeit nach, der Person, nicht aber dem Geist, dem Anschein, nicht der inneren Gesinnung nach. Es war höchste Undankbarkeit des Judas, seinen Tischgenossen, ja seinen Herrn und Ernährer, zu verraten, wozu ein anderer Evangelist sagt: *Einer von euch, die zusammen mit mir essen, wird mich verraten* (Mk 14,18). Das könnte der Herr heute von vielen Priestern sagen, die sich dem Tisch des Herrn unwürdig zu nahen wagen und mit ihren Sünden den Sohn Gottes abermals ans Kreuz liefern. Dadurch, daß er bei Tisch auf seinen Verräter hinwies, zeigte er an, daß viele verräterisch an seinen Tisch treten. Es ist eine größere Sünde, wenn sündhafte Glieder der Kirche Christus, der in den Himmeln herrscht, überliefern, als da dies von sündhaften Juden dem auf Erden Wandelnden angetan wurde. ... [LV,1]

8. DIE EINSETZUNG DER EUCHARISTIE

DIE WANDLUNGSWORTE. – *Während des Mahles*, als sie das Paschamahl zu sich nahmen und das Lamm verzehrten, oder nach dem Essen des Lammes, während sie noch zu Tisch saßen und ehe sie sich vom Mahl erhoben, *nahm Jesus das* ungesäuerte *Brot* (Mt 26,26), und mit zum Vater erhobenen Augen *sprach er das Dankgebet* für das vergangene Alte und das beginnende Neue *und brach das Brot* (Lk 22,19), *reichte es den Jüngern und sprach,* bevor oder während er es brach: *Nehmt und eßt; das ist mein Leib* (Mt 26,26), *der für euch hingegeben wird* (Lk 22,19). ... [LVI,2]

DIE DANKSAGUNG UND DAS BROTBRECHEN. – ... *Er sagte: Nehmt und eßt:* (Mt 26,26), wobei er den zweifachen, den sakramentalen und den geistigen Empfang des Sakraments andeutet; sie sollen mit Geist und Leib empfangen, mit Glauben und Mund aufnehmen, ihn mit Andacht schmecken und schauen, *denn der Herr ist gütig* (1 Petr 2,3); er ist das Manna, das *alle Süße und alle Lieblichkeit des Geschmacks in sich enthält* (Weish 16, 20). Sie sollen es sich durch Erwägung einverleiben und den Preis ihrer Erlösung im Herzen bewahren. Es ist daher nicht so zu verstehen, daß Christus zuerst das Brot brach und den Jüngern reichte und erst dann die Wandlungsworte sprach, es war eher umgekehrt, denn Christus reichte den Aposteln seinen verwandelten Leib, sprach also die Wandlungsworte vorher. In Jesus, der als *Heil* gedeutet wird, erkennt man den guten Vorsteher, den Stellvertreter Christi, der um sein Heil und das seiner Untergebenen sich abmüht. Dieser *nimmt* das Brot, wenn er die Heilige Schrift aufmerksam studiert, *spricht das Dankgebet und segnet,* wenn er sein eigenes Bemühen Gott zuschreibt; er *bricht* aber *und gibt,* indem er die Heilige Schrift mit Hingabe verkündet. Und gegen den darin Unwissenden und Nachlässigen heißt es in den Klageliedern: *Die Kinder verlangten Brot, aber niemand brach es ihnen* (Klg 4,4). [LVI,3]

Die drei Bedeutungen des Sakraments. – Drei Dinge sind in diesem Sakrament zu erwägen: zum einen, daß es nur Sakrament ist, das heißt die sichtbare Gestalt von Brot und Wein; dann, daß es Sakrament und die Sache selbst ist, nämlich Christi eigenes Fleisch und Blut; drittens, daß es die Sache selbst ist, nicht aber Sakrament, nämlich der mystische Leib Christi als die Einheit der Kirche. Die bezeichnete und in diesem Sakrament enthaltene Sache ist der wahre Leib Christi, den er von der Jungfrau annahm; die darin nicht enthaltene, sondern nur bezeichnete Sache, ist der mystische Leib Christi, der dem Haupt durch die Liebe verbunden ist. Von diesem mystischen Leib Christi, also von der Einheit der Kirche war oben die Rede, als nach den Worten des Herrn einige weggingen (Joh 6,66). Der Leib des Herrn ist jedoch auch die menschgewordene Gottheit. Dazu bemerkt Augustinus: »Jener sichtbare und betastbare Leib des Herrn ist die nicht sichtbare Gestalt, das heißt das himmlische Brot, von dem die Engel leben. Selbst wenn die Seele Christi im Leibe nicht mehr tat, als daß sie ihm das Wort einhauchte, mit dem sie vereint ist, wer käme da nicht zum Schluß, daß das Sakrament der Leib der Gottheit ist, die es bewohnt?«. Und nochmals: »Die sichtbare, doch für uns nicht sichtbare Gestalt Christi ist die sichtbare Wirklichkeit des Altarsakramentes; und die unsichtbare Gestalt des himmlischen Brotes, von dem die Engel leben, ist eine sichtbare Wirklichkeit und die betastbare Gestalt Christi. So ist Christus das Sakrament und die Materie des Sakraments.« [LVI,6]

VIERTER TEIL

CHRISTUS BETRITT DAS LANDGUT GETSEMANI, UM ZU BETEN. – Nimm also diese Betrachtungen vom Beginn des Leidens an auf, verfolge sie der Reihe nach bis zum Schluß, richte deine Aufmerksamkeit auf jede Einzelheit, als wärest du dabei. Betrachte aufmerksam Jesus, wie er zur Stunde der Komplet vom Mahl aufbrach und mit seinen Jüngern in den Garten ging – auf seinem letzten Gang wollte er sie bei sich haben; wie er liebevoll, wie ein Freund und Vertrauter zu ihnen sprach und sie zum Gebet aufforderte. Nachdem er den Garten betreten hatte, *sagte er zu seinen Jüngern: Setzt euch ... hier* (Mk 14,32), wartet, entfernt euch nicht, weder räumlich noch geistig, *während ich dort bete* (Mt 26,36). Betet auch ihr, *daß ihr nicht in Versuchung geratet* (Lk 22,40) und nicht durch Einwilligung der Versuchung erliegt. Nach Hieronymus werden sie im Gebet getrennt, weil sie auch im Leiden getrennt werden sollen. Und Chrysostomus sagt: »Er war es ja gewohnt, ohne sie zu beten. Er tat das auch, um uns zu lehren, daß wir beim Gebet Ruhe in uns selbst schaffen und große Zurückgezogenheit suchen sollen.« Dazu erklärt auch Cyrill: »Er betete an einem entlegenen Ort, damit du lernst, daß man zum erhabenen Gott gesammelten Geistes und ruhigen Herzens sprechen soll.« Das sagte er zu acht Aposteln, weil Judas nicht da war und er drei mit sich nahm, nämlich Petrus, Jakobus und Johannes. Indem Christus, als er beten wollte, Petrus, Jakobus und Johannes mitnahm, lehrte er uns, daß jeder, der andächtig beten will, drei Begleiter haben muß: die Stärke des Glaubens, die in Petrus dargestellt wird, dessen Name als *der Erkennende* gedeutet wird; den Verzicht auf irdische

Güter, die er mit Verachtung unter die Füße tritt und der beim Gebet an nichts Irdisches denkt: das wird in Jakobus dargestellt, den man *den zu Fall Bringenden* nennt; ferner den Stand der Gnade und ihre Glut, die auf Johannes hindeutet, dessen Name mit *in dem Gnade ist* wiedergegeben wird. [LIX,1]

DAS ZITTERN UND TRAUERN DES HERRN. – *Und er nahm Petrus und die beiden Söhne des Zebedäus mit sich,* mit denen er besonders vertraut und verbunden war, damit er ihnen, denen er bei der Verklärung die Herrlichkeit seiner Erhabenheit gezeigt hatte, auch die Trauer seiner Passion offenbare, damit diese, die ihn in seiner Herrlichkeit geschaut hatten, auch die Erniedrigungen zu sehen bekämen. *Da ergriff ihn,* dem alles zu eigen ist und über den der Feind machtlos war, der keine Sünde begangen hatte, ja, ihn erfaßte angesichts des nahenden Todes *Angst und Trauer* (Mt 26,37). – Was soll das für uns? Hieronymus bemerkt: »Dadurch werden wir belehrt, vor dem Gericht des Todes zu zittern und zu trauern, denn wir können von uns aus nicht sagen, es sei denn durch ihn: *Es kommt der Herrscher der Welt. Über mich hat er keine Macht* (Joh 14,30). Diese Trauer des Herrn war aber über alle Maßen groß, da *er zu ihnen sagte: Meine Seele ist bis zum Tode betrübt* (Mt 26,38). Gewöhnlich wird gesagt: Meine Seele ist überaus traurig, da die Trauer nicht heftiger sein könnte; oder: sie *ist betrübt bis* zur Todesangst und aus Todesangst, weil er den Tod natürlicherweise fürchtete. *Bis zum Tode betrübt* sein kann ausschließend heißen: Seine Seele war betrübt, bis er sich und die Seinen vom Tod befreit hatte; der leibliche Tod ist nämlich für Christus und für die Seinen Befreiung vom Schmerz. Oder es kann einschließend verstanden werden, bis die Apostel nach seinem Tod zum Glauben zurückkehrten.« ... [LIX,2]

CHRISTUS, VON DEN JÜNGERN VERLASSEN, BETET ALLEIN. – ... *Er warf sich* zu Boden *auf sein Angesicht,* damit sich in der Haltung des Leibes die Demut des Geistes ausdrücke, *und betete* im Herzen, während er mit dem Mund sprach: *Mein Vater, wenn es möglich* und mit der Erlösung der Menschheit vereinbar *ist,* wenn der Tod stirbt, ohne daß ich dem Fleische nach sterbe, so *gehe dieser Kelch,* das heißt die Erfahrung des Leidens, *an mir vorüber* (Mt 26,39). Als wollte er sagen: Wenn es ohne meinen irdischen Tod möglich ist, das Menschengeschlecht zu retten, gehe der Kelch des bitteren Leidens an mir vorbei. Er bot seinen Geist Gott dem Vater in einem Gebet an, das aus mehreren Gründen vollkommen erscheint: Erstens, weil er allein betete; das Gebet ist nämlich Erhebung des Geistes zu Gott, deshalb ist es besser, wenn der Mensch beim Beten von anderen getrennt bleibt; zweitens, weil das Gebet demütig war, da er sich auf sein Angesicht warf; drittens, weil es voll Andacht war, denn er suchte bei Gott dem Vater Zuflucht; viertens, weil es richtig war, daß er seinen Willen dem göttlichen Willen unterwarf, und fünftens, weil es ein liebendes Gebet war, da er zwischenhinein die Jünger freundlich aufsuchte. – Und indem er sprach: *Abba, Pater,* gab er zu verstehen und tat kund, daß Gott der Vater und Erlöser beider Völker ist. *Abba* bedeutet in der Tat dasselbe wie Pater, Abba aber ist hebräisch, Pater griechisch und lateinisch. Also sprach er als erster den Vater auf beide Weisen an, um zu lehren, daß beide Völker an ihn glauben werden und er von beiden Völkern angerufen werden soll, da *es keinen Unterschied gibt zwischen Juden und Griechen* (Röm 10,12). Wenn er aber sagte: *Wenn es möglich ist,* bezieht sich das zugleich auf die Macht und die Gerechtigkeit Gottes, denn Gott ist nicht nur mächtig, sondern auch gerecht, und daher ist nur möglich, was gerecht ist. Als wahrer Mensch fürchtete er den Tod, und seinen Gefühlen entsprechend wollte er nicht sterben, sofern dies der Gerechtigkeit gemäß geschehen konnte. Die Gerechtigkeit des Vaters hingegen wollte, daß Christus leide, und dieses Leiden war seit der Errichtung der Welt das vom Vater vorgesehene Sakrament unseres Heiles. An sich widerstrebten Christus die Todesangst und das Erdulden von Leiden, und obwohl er für sich das Ende ersehnte, wollte er, schlicht gesagt, nicht leiden; doch aus Gehorsam an den Vater und zum Heil der Menschheit nahm er das Leiden und den Tod freiwillig auf sich, so wie ein Kranker freiwillig eine bittere Arznei nimmt, nicht der Arznei wegen, sondern um zu gesunden. Dieser Wille zum Leben macht den Ruhm der Märtyrer aus. Fleischliche Gesinnung will nämlich nur, was ihr gefällt; wenn es aber den Märtyrern gefiele zu sterben, dann wäre ihr Tod kein Verdienst. Aber weil sie ihren Willen, nicht zu sterben, Gott unterwerfen, und was sie ihrer Natur gemäß zu meiden suchen, für Gott wollen, erwerben sie sich Verdienst. Deshalb sagte Christus danach: *Aber nicht wie ich will*, nach meinem menschlichen Empfinden, *sondern wie du willst* (Mt 26,39). Was er nämlich aus menschlicher Schwäche und Angst zurückgewiesen hatte, nahm er, in sich gehend, in Gehorsam und Starkmut auf sich. Nicht das geschehe, so sprach er, was ich nach menschlichem Empfinden sage, sondern das, wozu ich gesandt und nach deinem Willen auf die Erde herabgestiegen bin. Anderswo steht deshalb: *Ich bin,* als ich für eine bestimmte Zeit von der Jungfrau Fleisch annahm, *nicht vom Himmel herabgekommen, um meinen Willen zu tun, sondern den Willen dessen, der mich gesandt hat* (Joh 6,38), den Willen nämlich, den ich ewig mit dem Vater gemeinsam habe und in meiner Seele immerfort gutheiße. Nicht *meinen* eigenen Willen, nicht den meinen als den des Menschensohnes, nicht den meinen, der sich Gott widersetzt. Jedenfalls war der Wille Christi nicht dem Willen des Vaters entgegengesetzt; denn er, der gekommen war, den Gehorsam zu lehren, würde nicht als gehorsam erfunden, wenn er dem eigenen Willen folgte. Um wieviel mehr wird man also uns für nicht gehorsam halten, wenn wir unseren eigenen Willen tun! ... [LIX,5]

Der Blutschweiss und seine Ursache. – Während der Herr noch inständiger betete, rann in diesem Todesringen oder -kampf reichlich Schweiß, der in Form von Blut ausbrach, auf die Erde nieder. In der Glut des Gebets und im Angesicht der drohenden Gefahr, wie infolge der heftigen Angst der Sinne, die ihn tun und leiden ließ, was ihm zugedacht war, erhitzten sich Herz und Leib so sehr, daß aus den geöffneten Poren roter und blutiger Schweiß floß. Dieses Blut war wirkliches und natürliches Blut, denn es entsprang der Wirklichkeit seines Daseins und seinem makellosen Fleisch; es war aber wunderbar und übernatürlich, was die Art des Ausfließens anbelangt, weil es, so sagt Beda, wider die Natur ist, Blut zu schwitzen. Dasselbe muß auch vom Blut und Wasser aus der Seite des schon toten Christus gesagt werden, da es wirkliches Blut und wirkliches Wasser war; beides aber floß auf wunderbare Weise aus dem toten Leib.

Eile zu diesem wohltuenden Balsam des Schweißes, der den Kranken hilft; zögere nicht, damit du durch ihn geheilt zu werden verdienst. Dazu schreibt Anselm: »Was stehst du da? Eile herbei und lecke jene wunderbaren Tropfen auf, lecke den Staub von jenen Füßen; schlafe nicht mit Petrus, damit du nicht zu hören bekommst: *Konntet ihr nicht einmal eine Stunde mit mir wachen?* (Mt 26,40). ... [LIX,10]

DIE ANKUNFT DES JUDAS UND DER BEWAFFNETEN SCHAR. – *Während er noch mit den Jüngern redete, kam Judas,* der üble Krämer, *einer der Zwölf* (Mt 26,47) dem Namen, nicht aber dem Verdienst nach, der die Würde des Apostels verschleudert hatte und zum Verräter geworden war, um seine ungeheuerliche Schandtat auszuführen. Er ging an der Spitze einer Schar heidnischer Soldaten, die im Dienste des Statthalters standen und deren Aufgabe es war, unter der Führung ihres Tribuns Übeltäter zu fangen. Mit ihnen kam eine große Schar jüdischer Helfer, eine grausame und elende Gesellschaft von Gottlosen, die von den Hohenpriestern und Oberpriestern bestellt worden war. Sie alle wollten Jesus ergreifen und kamen *mit Laternen und Fackeln* (Joh 18,3) daher, um ihn, falls er sich im dunkeln verbergen wollte, zu suchen. Auch waren sie *mit Schwertern und Knüppeln bewaffnet* (Mt 26,47), um denen Widerstand zu leisten, die seine Gefangennahme verhindern wollten. [LIX,14]

CHRISTUS GEHT IHNEN ENTGEGEN, UND AUF SEINE FRAGE STÜRZEN SIE RÜCKLINGS ZU BODEN. – ... Jesus aber *fragte* die Daherkommenden, freiwillig vor sie hintretend: *Wen sucht ihr?* Er fragte nicht, als würde er ihre Absicht nicht durchschauen, sondern als einer, der zu sterben bereit ist, damit sie wüßten, daß er es sei, den sie suchten. *Sie antworteten ihm: Jesus von Nazaret.* Nicht aber sollte der Tod dessen begehrt werden, der als Urheber des Lebens öffentlich bezeugt war, noch jener verfolgt werden, den sie als den ersten an Ansehen und Würde bezeichneten. *Er sagte zu ihnen,* indem er sich selbst kundtat und darbot: *Ich bin es* (Joh 18,4f.), den ihr sucht. Als fragte er: Weshalb vereinbart ihr als Zeichen den Kuß des Verräters? Weshalb sucht ihr mich mit Fackeln und Laternen, als würde ich mich verbergen? *Ich bin es.* ... Nachdem sie das Wort der Macht und Göttlichkeit vernommen hatten, das ihm mit dem Vater und dem Heiligen Geist gemeinsam ist, *wichen sie* aus Furcht vor dieser Donnerstimme *zurück und stürzten* rücklings *zu Boden* (Joh 18,6). Judas wie die übrigen wurden durch die Macht seiner Gottheit niedergeworfen, so unerträglich war für sie, was gesagt wurde; an sich auch deshalb gesagt wurde, damit den Juden beim Anblick des Wunders seiner Macht Anlaß zur Bekehrung gegeben werde. Als sie sich aber angesichts dieses Zeichens seiner Macht nicht sogleich bekehrten, ging er ihnen freiwillig entgegen, um sich gefangennehmen zu lassen. ... [LIX,15]

DER JUDASKUSS. – Darauf *näherte sich* (Lk 22,47) jener Nichtswürdige, und während er seinen Herrn trügerisch begrüßte, *sagte er: Sei gegrüßt, Rabbi! Und er küßte ihn* (Mt 26,49). Er näherte sich wie ein Hausgenosse, doch *er war ein Dieb* (Joh 12,6); er grüßte ihn wie ein Jünger, trachtete ihm aber nach dem Leben; er küßte ihn wie ein Freund, und war ein Feind. Es soll Sitte der Juden gewesen sein, sich bei Zusammenkünften zu küssen, zum Zeichen, daß ihr Kommen friedlich gemeint sei, daß also auch Jesus die Jünger, die er aussandte, bei ihrer Rückkehr mit dem Friedenskuß zu empfangen pflegte. Deswegen hatte der Verräter seinen Begleitern den Kuß als Zeichen gegeben, und den anderen wie ein Heerführer und Anstifter zum Bösen vorausziehend, kehrte er mit einem falschen Kuß zu Jesus zurück. Als wollte er sagen: Ich gehöre nicht zu diesen Bewaffneten, sondern kehre wie gewohnt mit einem Kuß und mit den Worten: *Sei gegrüßt, Rabbi!* zurück. O wahrer Verräter! Ihm gleichen viele Vorsteher, die mit Wort oder Tat anderen Ärgernis geben und, vor ihnen hergehend, sie ins Verderben mitziehen und damit auch zur Hölle. ... [LIX,16]

DER ÜBEREIFER DES PETRUS, DER MALCHUS ANGREIFT, WIRD VON CHRISTUS GETADELT. – Als nun Petrus, heftiger als die anderen, einem Knecht des Hohenpriesters namens Malchus, der sich bei der Gefangennahme Christi vordrängte und besonders wild gebärdete, im Eifer das rechte Ohr abgehauen hatte – allerdings in der Absicht, ihn tiefer zu verwunden, ja ihm den Kopf abzuschlagen und ihn zu töten, doch dank göttlicher Vorsehung glitt der Hieb ab und traf nur das Ohr –, hielt der Herr ihn zurück und sagte: *Steck* dein *Schwert* an seinen Ort, nämlich *in die Scheide!* (Joh 18,11). Denn hier war kein Ort der Verteidigung, sondern des Erduldens, noch stand es Petrus zu, ein materielles Schwert zu brauchen. Als sagte der Herr: Gebrauche das Schwert nicht zu meiner Verteidigung, denn es ist apostolischen Männern nicht gestattet, sich eines materiellen Schwertes zu bedienen. Nach Chrysostomus gilt es dabei zu beachten, was Christus Petrus und den anderen Jüngern früher geboten hatte: *Wenn dich einer auf die rechte Wange schlägt, dann halt ihm auch die andere hin* (Mt 5,38), wie auch die Worte der Rede Christi nach dem Abendmahl (vgl. Joh 13,36ff.). Petrus aber war von so großer Liebe entflammt, daß er sich an jenes Gebot nicht erinnerte und nur auf die Verteidigung seines Meisters bedacht war. Darin, daß Christus ihn zu verteidigen verbot, zeigt sich seine Bereitschaft zum Leiden; er befahl, das Schwert zurückzustecken, um so Geduld, nicht Vergeltung zu lehren. ... [LIX,20]

Die Heilung des Knechtes und die vorwurfsvolle Rede Christi an die Menge. – ... Dann wandte sich Jesus an die Menge; er redete sie nicht ungeduldig, sondern vernünftig an und sprach klagend und so auch seine Zuhörer zur Klage auffordernd: *Wie gegen einen Räuber seid ihr mit Schwertern und Knüppeln ausgezogen, um mich festzunehmen.* Als sagte er: Das habt ihr ohne Ursache getan. Was er mit den Worten unterstrich: *Tag für Tag,* häufig also, *saß ich* friedlich und unbewaffnet *im Tempel und lehrte,* an einem Ort, wo ihr Macht habt. Da konntet ihr mich ohne Waffengewalt festnehmen, *und ihr habt mich nicht verhaftet* (Mt 26,55). Ihr habt mich dort nicht ergriffen, weil ich es nicht wollte, noch könntet ihr es jetzt tun, wenn ich es nicht erlauben und mich nicht freiwillig in eure Hände übergeben würde. Dazu sagt Remigius: »Als wollte er sagen: Es ist die Art eines Räubers, Schaden zu stiften und sich zu verstecken; ich aber habe wirklich niemandem etwas zuleide getan, sondern habe viele geheilt und stets in den Synagogen gelehrt.« Und Hieronymus: »Es ist töricht, den mit Schwertern und Knüppeln zu suchen, der sich aus freien Stücken in eure Hände ausgeliefert hat, und den, der täglich im Tempel lehrte, nachts durch einen Verräter aufzuspüren, als hielte er sich versteckt und würde sich eurem Blick entziehen.« ... [LIX,21]

Die Flucht der Jünger, während Maria allein im Glauben zurückbleibt. – Nachdem der Herr gefangen und gefesselt war, *verließen ihn alle Jünger* voller Schrecken *und flohen* (Mt 26,56). Sie ließen ihren Meister wie einen Räuber zur Hinrichtung führen und nahmen Ärgernis an ihm, wie er es ihnen vorausgesagt hatte. Als der Hirte gefangen war, wurden die Schafe zerstreut; als der Meister festgenommen war, flohen die Jünger. Dazu erklärt Beda: »Erfüllt hat sich das Wort des Herrn, daß alle Jünger in jener Nacht an ihm irre werden sollten.« Und Hieronymus: »Da hat sich die Verheißung erfüllt: *Freunde und Gefährten bleiben mir fern in meinem Unglück, und meine Nächsten meiden mich* (Ps 38,12).« ... Weshalb aber ergriffen sie die Apostel nicht, an erster Stelle Petrus, der mit dem Schwert zugeschlagen hatte? Darauf ist zu sagen, daß nichts anderes sie davon abhielt als allein die göttliche Kraft, die sie auch rücklings zu Boden geworfen hatte. Damals sündigten alle Jünger und ihr Glaube war während dieser drei Tage tot; nur in der seligen Jungfrau blieb der Glaube der Kirche unerschüttert. ... [LIX,25]

Christus wird zuerst zu Hannas geführt. – Betrachte nun, wie Christus von jenen Missetätern hastig und ungestüm vom Bach Kidron hinauf nach Jerusalem geführt wurde; die Hände auf den Rücken gebunden und, wie überliefert, mit einer Kette um den Hals, seines Rockes entblößt und nicht sorgfältig gegürtet, unbedeckten Hauptes und vor Müdigkeit gebeugt, ging er gehetzt dahin wie ein unschuldiges

Lamm zwischen reißenden Wölfen. ... *Und sie führten ihn* gefesselt, als wäre er des Todes schuldig, *zuerst zu Hannas* (Joh 18,13). ... [LIX,28]

2. ZUR MATUTIN: DIE PASSION DES HERRN

DAS ERSTE VERHÖR CHRISTI. – ... Zwei Dinge wurden Christus von den Juden vorgeworfen, nämlich seine falsche und neue Lehre, sowie daß er die Menschen verführe und sie an sich binde. Deshalb befragte ihn der Hohepriester im Hinblick auf beides, ob er ein Menschenverführer und ein Irrlehrer sei: zuerst aber befragte er ihn *über seine Jünger,* die er offenbar in die Irre geleitet hatte, dann *über seine Lehre* (Joh 18,19), sie gleichsam als falsch voraussetzend. Hannas wird *Hoherpriester* genannt, nicht weil er es damals tatsächlich war, sondern weil er es vorher gewesen war und nachher wieder sein würde. Über seine Jünger schwieg sich Jesus vollkommen aus, denn er konnte damals nichts Gutes über sie berichten; sie waren schon geflohen. Damit gibt er uns ein Beispiel, daß wir über andere nichts Böses aussagen und die Sünde anderer nicht bekannt machen sollen. Aber in bezug auf seine Lehre antwortete er und zeigte, daß sie weder schlecht noch verdächtig sei, sondern gut und gesund, was er mit dem Hinweis auf den Ort und das Zeugnis der Zuhörer mit den Worten erklärte: *Ich habe offen vor aller Welt gesprochen,* das heißt in der Öffentlichkeit und vor vielen Zuhörern; *ich habe immer in der Synagoge und im Tempel* der Juden *gelehrt,* an öffentlichen, den Juden zugänglichen Orten. *Nichts habe ich im geheimen gesprochen,* damit es verborgen bleibe und nur wenigen bekannt werde. *Warum fragst du mich,* von dem du die Wahrheit nicht zu hören verlangst? *Frag doch die, die mich gehört haben* (Joh 18,20f.), ihre Worte werden dir weder Anlaß zu Neid noch zu Argwohn geben. Als wollte er sagen: Ich bin bereit, mich ihrem Zeugnis zu stellen, das dir glaubwürdiger erscheint als mein Wort. ... [LX,1]

Der Herr wird ins Gesicht geschlagen. – *Einer von den Knechten,* es soll Malchus gewesen sein, dessen Ohr Jesus geheilt hatte und der für die empfangene Wohltat keinen Dank wußte, *schlug Jesus ins Gesicht* – er steht für die Verkehrten, die erwiesene Wohltaten mit Bösem vergelten – *und sagte: Redest du so mit dem Hohenpriester?* (Joh 18,22). Als Diener der Bosheit verstand er die Antwort Jesu nämlich so, als tadle er den Hohenpriester für sein törichtes Fragen. Und als er ihm den Backenstreich für diesen Tadel gab, wollte er Jesus dafür bestrafen, daß er dem Hohenpriester nicht geziemend, zustimmend oder verneinend, geantwortet hatte; denn ein Backenstreich wird oft verabreicht, um verbale Beleidigungen zu bestrafen. Mit diesem Backenstreich erfüllte sich die Prophezeiung: *Er bietet die Wange dem, der ihn schlägt* (Klgl 3,30). ... [LX,2]

... Der Herr vor Kajaphas. – *Danach schickte ihn Hannas gefesselt,* als Angeklagten und als des Todes schuldig Befundenen – von ihm selbst schon verurteilt – *zum Hohenpriester Kajaphas* (Joh 18,24), weil das Verhör Christi hauptsächlich diesen anging und *bei dem sich* alle Priester, das heißt die Hohenpriester, *die Schriftgelehrten,* nämlich die Gesetzeslehrer, *und die Ältesten* als die zuständigen Richter, *versammelt hatten* (Mt 26,57), um Christus zu verhören, zu richten und über seine Verurteilung und seinen Tod zu verhandeln. ... [LX,4]

Die Beschwörung des Hohenpriesters und Christi Antwort. – ... Als der *Hohepriester* ihn nochmals befragte, sprach er zu ihm: *Ich beschwöre dich bei dem lebendigen Gott, daß du uns sagest, ob du der Christus, der wesensgleiche Sohn Gottes bist?* ... Darauf antwortete ihm der Herr: *Du hast es gesagt. Ich bin es.* Er antwortete ihnen mit der Wahrheit, so daß sie unentschuldbar seien und der Name Gottes nicht verachtet zu werden scheine. Und der Herr Jesus fügte hinzu: *Denn ich sage euch: von nun an werdet ihr den Menschensohn,* mich nämlich, den ihr so verachtet und schändlich behandelt, mit euren leiblichen Augen zum Gerichtstag erscheinen *sehen,* als Richter *sitzend zur Rechten der Kraft,* der Majestät *Gottes des Vaters* (Mt 26,63f.). ... [LX,6]

Die Verurteilung Christi zum Tod, dazu zwei Unterweisungen. – Als nun der Hohepriester gesagt hatte: *Jetzt habt ihr die Gotteslästerung selbst gehört* (vgl. Mt 26,65), fügte er hinzu: *Was ist* jetzt nach dem Gesetz *eure Meinung?* Da verurteilten *sie* ihn alle und *antworteten: Er ist schuldig und muß sterben* (Mt 26,66), und doch hatte er ihnen die Wahrheit gesagt. Sie erhoben Anklage, verhandelten miteinander und fällten das Urteil. Nach Beda verurteilten sie sich selbst durch das Urteil, mit dem sie den dem Tod überlieferten, den sie durch das Zeugnis seiner Worte und Taten als Gott erkennen konnten. Sie hätten allerdings richtig entschieden, falls der Tatbestand der Gotteslästerung sich als wahr erwiesen hätte: Jeder nämlich, der den Namen Gottes lästert, ist nach dem Gesetz des Todes schuldig und muß gesteinigt werden. Nachdem aber der Tatbestand, auf den die Frage sich stützte, falsch war, war auch die Antwort falsch, gottlos und ungerecht. – Dieser Stelle über die Verurteilung Christi zum Tod können wir zwei Unterweisungen entnehmen: Die erste lautet: Wir sollen uns davor hüten, daß dieses Wort der Juden: *Er ist schuldig und muß sterben*, das die Ohren Christi schuldlos traf, nicht einmal unsere geistigen Ohren treffe, sich an uns aber als wahr erweise; denn von jedem, der in der Todsünde lebt, kann wahrhaft gesagt werden: *Er ist schuldig und muß sterben.* – Die zweite Unterweisung liegt darin, daß wir uns nicht verwirren lassen sollen, wenn wir von den Verfolgern um Christi willen zum Tode verurteilt werden, daß wir uns vielmehr freuen und an den Lohn denken sollen. Um sich diesen Grundsatz einzuprägen, erwäge der Mensch, wie oft er sich durch seine Missetaten des Todes schuldig gemacht hat, aber bis anhin durch das Erbarmen Gottes auf seine Besserung hin gerettet worden ist. Oder in ähnlichem Sinne, je nachdem, wie Gott es eingibt. *Jesus, der du das gemeine Wort der Gottlosen, du seist des Todes schuldig, keineswegs gefürchtet hast, bewahre mich davor, in deinen Augen des ewigen Todes schuldig befunden zu werden.* [LX,9]

Die Aufforderung zu weissagen ... – *Die Diener ohrfeigten ihn,* das heißt, sie schlugen ihn auf die Kinnbacken. Darüber kannst du im gleichen Sinn nachdenken wie über den Backenstreich, der ihm vor dem Hohenpriester Hannas verabreicht wurde. Sie schlugen ihm ins Gesicht, fragten ihn *und riefen: Messias, du bist doch ein Prophet! Sag uns: Wer hat dich geschlagen?* Aber auf welche Stelle seines Angesichts sie ihn schlugen, als sie dies sagten, davon berichten die Evangelisten auf verschiedene Weise. So kann man sagen, daß jeder von ihnen, nachdem sie sein Gesicht verhüllt hatten, ihn schlug, wohin er wollte: einige auf den Nacken, andere ins Gesicht, wieder andere auf die Kinnbak-

ken. Während sie ihn so schlugen, fragten sie ihn *und riefen: Messias, du bist doch ein Prophet! Sag uns: Wer hat dich geschlagen?* (Mt 26,67f.) Das riefen sie aber im Spott, um gleichsam den zu beschimpfen, der vom Volk für einen Propheten gehalten werden wollte und den das Volk auch für einen großen Propheten hielt. Damit wollten sie darauf hinweisen, daß er ein falscher Prophet sei, da er nicht wußte, wer ihn geschlagen hatte. Theophilus bemerkt dazu, der Herr der Propheten sei als Pseudoprophet verspottet worden. Und weil sie ihn mit diesen Worten verhöhnten und gleichsam ihr Spiel mit ihm trieben, antwortete er ihnen nicht. Es war nach Hieronymus sinnlos, den Schlagenden zu antworten und den Prügelnden zu bezeichnen, weil die törichte Wut der Schlagenden offenkundig war. ...
[LX,15]

Die dreimalige Verleugung des Petrus. – Es heißt, daß Petrus, der in der Kälte seiner Treulosigkeit schon erstarrt war, draußen saß und *sich wärmte* (Joh 18,25), denn die Glut der Liebe und das wahre Feuer war in seinem Inneren erloschen, und aus Furcht und Schrecken verleugnete er dreimal seinen Herrn. Es erstaunt auch nicht, daß die Versuchung an ihn herantrat, der sich von Christus fernhielt. Zuerst wurde er *im Hof* (Mt 26,69) von der Türhüterin angesprochen und leugnete. Dazu meint Gregor: »Betroffen durch die Äußerung einer einzigen Magd, verleugnete er das Leben aus Furcht vor dem Tod.« Warum aber wurde Petrus von einer Magd früher entdeckt als von den Männern? Einmal zur Beschämung der Überheblichkeit, da er zuerst von einer Frau, nicht von einem Mann, von einer Magd, nicht von einer Freien überführt worden ist. Zweitens, damit offenbar werde, daß jedes Geschlecht und jeder Stand am Tod des Herrn schuldig ist und durch sein Leiden erlöst werden muß. Nach der Verleugnung wagte Petrus nicht länger unter den Juden zu bleiben; *er ging in den Vorhof hinaus* (Mk 14,68) *und da krähte der Hahn.*[4] Als er aber hinausging, sah *ihn eine andere Magd und sagte,* als er draußen war, *zu denen, die dort standen,* um sich zu wärmen: *Der war mit Jesus aus Nazaret zusammen.* Als Petrus, wie gesagt worden ist, wieder hineinging, sagte laut Lukas einer der Umstehenden – nach Johannes mehrere – dasselbe zu ihm. *Wieder leugnete er und schwor* (Mt 26,71f.). Dies beweist, wie der Mensch von einer Sünde in die nächste schwerere fällt. Dazu bemerkt Hrabanus: »Das Verweilen in der Sünde bewirkt, daß sich die Verbrechen häufen.« Und Gregor: »Eine Sünde, die nicht durch Reue getilgt wird, zieht durch ihr Gewicht bald zu der nächsten.« ... [LX,17]

ALS CHRISTUS IHN ANBLICKTE, DA WEINTE PETRUS BITTERLICH. – Erwäge auch, wie *der Herr* als gütiger Meister *sich* von der Gerechtigkeit zum Erbarmen *umwandte und Petrus,* seinen geliebten Jünger, bei der dritten Verleugnung voll göttlichen Mitleids und Gnade *anblickte* (Lk 22,61), denn Erbarmen bewirkt Reue und ist für diese erfordert. Bestimmt geschah dieses Umwenden und Anblicken innerlich und dem Geiste nach, nicht äußerlich und dem Leibe nach; denn der Herr war drinnen im Gerichtssaal, zusammen mit den Hohenpriestern und Ratsherren, Petrus aber draußen im Hof unter den Dienern; der eine konnte den anderen mit leiblichen Augen nicht sehen. Dazu sagt Papst Leo: »Jesus, der dem Leib nach bei der Ver-

[4] So endet Mk 14,68 nach anderer Lesart:

sammlung der Hohenpriester war, sah – durch göttliche Eingebung – die Verstörtheit des draußen stehenden Jüngers, und indem er ihn anblickte, richtete er das Herz des Verängstigten wieder auf und bewegte es zu Tränen der Reue.« ... Als *Petrus* wahrnahm, daß der Herr ihn hörte und anblickte, wurde er durch Jesu Blick zuinnerst getroffen und brach in bittere Tränen aus; er *ging hinaus* aus der Mitte der Schlechten, unter denen er ihn verleugnet hatte, und floh in eine Höhle oder Grube, die fortan Hahnenschrei genannt wurde, *und weinte bitterlich* (Lk 22,62), das heißt in der Bitterkeit des Herzens und mit Tränen bitterer Reue. Die Tränen der Gottesliebe sind überaus süß, so daß sie nach den Worten des Psalmisten sogar für eine Speise gehalten werden: *Tränen waren mein Brot bei Tag und bei Nacht* (Ps 42,4). An dem Ort, an dem Petrus nach seiner Verleugnung bitterlich geweint und Buße getan hat, wurde zur Erinnerung an seine bitteren Tränen und seine Reue die Kirche des Heiligen Petrus errichtet, die zwischen dem Berg Sion und der Stadt Jerusalem liegt. ... Chrysostomus aber sagt, Petrus habe nicht aus Angst vor der Strafe geweint, sondern weil er den, den er liebte, verleugnet hatte, was für ihn weit schwerer wog als jede andere Qual. Merke auf, wo Petrus leugnete, und meide jeden Ort, der Gelegenheit zur Sünde bietet. ... [LX,18]

3. ZUR PRIM: DIE PASSION DES HERRN

PILATUS FRAGT DIE JUDEN ÜBER CHRISTUS AUS. – *Sie brachten Jesus gefesselt zum Prätorium* (Joh 18,28), zu dem Raum im Hause des Pilatus, wo dieser Gericht hielt und sich auch der Sitz des Statthalters und Richters befand, und übergaben Jesus dem heidnischen Statthalter Pilatus. Beda bemerkt dazu: »Der Sitz des Statthalters heißt Prätorium. Die Statthalter werden auch Präfekten oder Vorgesetzte genannt, weil sie für die Bürger Vorschriften erlassen.« Die Juden lieferten Jesus der römischen Befehlsgewalt aus, um zu zeigen, daß sie mit seiner Hinrichtung nichts zu tun haben wollten, so aber nicht ihre Unschuld, vielmehr ihren Wahnsinn bewiesen. ... Die erbärmlichen Juden behaupteten, Jesus, der *Gutes tat und alle heilte, die in der Gewalt des Teufels waren* (Apg 10,38), sei ein Übeltäter; und sie verfuhren mit ihm gemäß der Weissagung des Propheten: *Sie vergelten mir Gutes mit Bösem* (Ps 35,12). [LXI,7]

DIE FALSCHEN ANKLAGEN DER JUDEN. – *Sie brachten* all *ihre* falschen *Anklagen gegen ihn vor,* von denen nur die drei, die Lukas anführt, erwähnt werden sollen. Sie sagten: *Wir haben festgestellt, daß dieser Mensch unser* jüdisches *Volk verführt,* indem er über die Auslegung des Gesetzes eine falsche Lehre verbreitet; ferner *das Volk davon abhält, dem Kaiser Steuer zu zahlen* und es also gewissermaßen gegen ihn aufwiegelt, *und* drittens *behauptet, er sei Christus, der König* (Lk 23,2), als wolle er das jüdische Reich für sich in Besitz nehmen. Mit dem Namen Christus, Gesalbter, wurden die jüdischen Könige aufgrund ihrer Salbung bezeichnet. Hier sagten sie zur Verdeutlichung *Christus, der König,* weil Pilatus ein Heide war, die Heiden aber ihre Könige nicht salbten wie die Juden. Hätten sie deshalb zu *Christus,* das heißt, dem Gesalbten, nicht noch *König* hinzugefügt, hätte sie Pilatus nicht verstanden. Aber ihre Anklagen waren falsch. Denn zu Unrecht behaupteten sie: *Wir haben festgestellt*, denn was sie ihm unterstellten, entsprach nicht der Wahrheit, sondern war menschliche Dichtung und Erfindung. Er hetzte das Volk nicht gegen das Gesetz auf, denn er war ja *nicht gekommen, das Gesetz aufzuheben, sondern es zu erfüllen* (Mt 5,17); er verführte nicht, sondern bekehrte jene, die er in der Wahrheit unterwies. Er hielt auch die Juden nicht davon ab, dem Kaiser Steuer zu zahlen, sondern sagte: *Gebt dem Kaiser, was dem Kaiser gehört und Gott, was Gott gehört* (Mt 22,21), und obwohl von der Steuer befreit, zahlte er diese für sich und Petrus, um kein Ärgernis zu erregen. Auch als er sagte, er sei Christus, der König, sprach er die Wahrheit, obwohl er in dieser Welt kein Reich haben wollte; denn als sie ihn zum König machen wollten, floh er und lehnte die Herrschaft ab. ... [LXI,9]

DA PILATUS KEINE SCHULD AN CHRISTUS FINDET, KLAGEN IHN DIE JUDEN ERNEUT UND NOCH HEFTIGER AN. – *Nachdem Pilatus gesprochen* und nach der Wahrheit gefragt hatte, *ging er wieder zu den Juden hinaus*, um für die Unschuld des Herrn einzutreten *und sagte zu ihnen: Ich finde keinen Grund* (Joh 18,38), der seinen Tod rechtfertigte. Da sich Pilatus und sein Gebieter, der Kaiser, nur um das irdische Reich kümmerten, hielt Pilatus Jesus für schuldlos und sagte, daß er ihn keines Verbrechens schuldig fände. Dadurch wurden die Juden noch zu größerer Mißgunst aufgestachelt, so daß sie versuchten, den Gerechten auf krummen Wegen verurteilen zu lassen. Denn es ist die Art der Bösen, durch Lügen die Verurteilung der Gerechten zu erlangen. Daran wird ersichtlich, daß bisweilen am weltlichen Gerichtshof gerechter verhandelt wird als am klerikalen; die Hohenpriester hielten nämlich Christus des Todes schuldig, den Pilatus als schuldlos und gerecht erklärte. So geschieht es auch heute an vielen

Orten, daß Übeltäter, die durch weltliche Richter bestraft würden, durch die kirchlichen zum großen Ärgernis des Volkes geschützt werden. Da aber die Juden mit ihren lügnerischen Anklagen nichts bewirkten, nahmen sie ihre Zuflucht zum Schreien. Weil die von ihnen vorgebrachten Begründungen nichts halfen, *schrien sie* umso *lauter und sagten: Er wiegelt das Volk auf und verbreitet seine Lehre im ganzen jüdischen Land von Galiläa bis hierher* (Lk 23,5). ... [LXI,12]

Die Verspottung Christi bei Herodes, eine Unterweisung und ein Gebet. – *Als Pilatus hörte, daß Jesus ein Galiläer sei und aus dem Gebiet des* Tetrachen *Herodes komme,* denn Jesus war in Galiläa aufgewachsen und hatte sich dort viel aufgehalten, ergriff er die Gelegenheit, ihn loszuwerden, und *ließ ihn zu Herodes,* dem Statthalter von Galiläa, *bringen, der in jenen Tagen,* als geborener Jude, wegen des Paschafestes *ebenfalls in Jerusalem war* (Lk 23,6f.). Sein Vater war nämlich aus Liebe zu seiner Frau, einer Jüdin, dem jüdischen Ritus beigetreten und hatte sich beschneiden lassen. Pilatus schickte Jesus, wie gesagt, zu Herodes, weil er diesem Ehre erweisen wollte und damit der Gebieter über Galiläa selber den Galiläer freispreche oder verurteile. Damit gab er ein Beispiel, daß man seine Sichel nicht an die Ernte und den Herrschaftsbereich eines anderen, auch keines Feindes, setzen soll. Auch meinte Pilatus, Herodes werde einen völlig unschuldigen Menschen seines Gebietes bereitwillig freilassen, so daß er nicht gezwungen wäre, gegen Jesus, von dem er wußte, daß er schuldlos und aus Mißgunst ausgeliefert worden war, das Urteil zu fällen. – Unterwegs sammelte sich eine große Menschenmenge, die ihm folgte. O Herrin, weshalb gehst du mit oder wer befahl dir, in einem so großen Gedränge mitzugehen! Sicher warst du allen, die Christus lieben, ein Bild des Schmerzes. Auch du, Geliebter, bedenke, wie gern du ihr, die so traurig und betrübt ist, beistehen und sie begleiten würdest. – *Herodes freute sich sehr, als er Jesus sah*, schon lange, nämlich seit der Enthauptung des Täufers, *hatte er sich gewünscht, mit ihm zusammenzutreffen, denn er hatte von ihm,* von seinen Wundertaten und seiner Lehre *gehört. Nun hoffte er, ein Wunder von ihm zu sehen* (Lk 23,8) und etwas Ungewöhnliches von ihm zu hören. *Er stellte ihm viele Fragen,* nicht aus Wissensdurst, sondern aus Neugier; nicht als Freund der Wahrheit, sondern als Versucher; nicht um irgendeinen Nutzen daraus zu ziehen, sondern weil er an der Gier nach Neuigkeiten litt. Deshalb *gab ihm Jesus keine Antwort* (Lk 23,9) und wirkte vor seinen Augen kein Wunder. Wie das sanfteste Lamm stand er gefesselt vor ihm, schwieg während des gerichtlichen Verhörs und ließ sich nicht herab, das erwartete Wunder zu wirken, weil der Unglaube und die Neugier des Herodes nicht verdienten, Göttliches zu hören oder zu sehen. Der Herr lehnte seinen Beifall und sein Rühmen ab, denn er wollte sein Leiden nicht hindern. Deshalb steht in einer Glosse: Weil Herodes Christus nicht für den Erlöser, sondern für einen Zauberer hielt, war er weder der Worte noch der Wunder Christi würdig. Nach Ambrosius bat Herodes aus einer gewissen Wundersucht, daß ein Wunder geschehe, was Christus verweigerte und uns so lehrte, Beifall abzulehnen. Dadurch, daß Christus vor dem sittenlosen und männermordenden Herodes kein Wunder wirken und nicht auf seine Fragen antworten wollte, zeigte er, daß solcherlei Menschen und alle Gottlosen nicht würdig sind, göttliche Werke zu schauen und von Gott Antwort zu erhalten. Zu dieser Stelle der Verspottung erteilt Gregor die Lehre: daß wir schweigen sollen, wenn unsere Zuhörer über unsere guten Werke Bescheid wissen, ihre eigenen falschen aber nicht ändern wollen, damit wir nicht über das Wort Gottes sprechen, nur um uns Ruhm zu verschaffen. Wir selber machen uns so schuldig, die Schuld der anderen aber wird nicht getilgt. Vieles verraten die Gedanken der Zuhörer, ganz besonders, wenn diese immerfort loben, was sie hören, nie aber befolgen, was sie loben. Um sich die Lehre dieser Stelle zu eigen zu machen, erinnere sich der Mensch dieser Begebenheit und bete mit folgenden Worten: *Jesus, der du dir von Herodes im Spott viele Fragen stellen ließest und auf keine Antwort geben wolltest, bewirke durch deine Liebe in mir, daß ich spöttische Fragen, wenn es sein muß, geduldig anhöre und Prahlerei durch Schweigen vermeide.* [LXI,14]

Christus wird bei Herodes angeklagt, eine Unterweisung über sein Schweigen, ein Akt der Zustimmung und ein Gebet. – *Die Hohenpriester und die Schriftgelehrten, die dabeistanden, erhoben* vor Herodes *schwere Beschuldigungen gegen ihn* (Lk 23,10). Wessen sie ihn dort beschuldigten, geben die Evangelisten nicht an, es ging aber möglicherweise um dieselben drei Anklagen, die sie vor Pilatus gegen ihn vorgebracht hatten. Vor Herodes aber stellten sie alles viel schlimmer dar und berichteten, wie er das ganze Volk aufgehetzt hätte, *angefangen von Galiläa* (Apg 10,38), dem Herrschaftsbereich des Herodes, damit diesem bewußter werde, daß Jesus dort Unruhe gestiftet hatte. Auf diese Beschuldigungen *gab* Christus weder Herodes noch den Anklägern *eine Antwort* (Lk 23,9), sondern schwieg. Durch sein Schweigen pflichtete er ihren Anklagen nicht etwa bei, sondern erachtete diese einer Antwort nicht wert. Um die Geduld zu empfehlen, schwieg er und antwortete nichts, wie bei Jesaja steht: *Wie ein Schaf angesichts seiner Scherer, so tat auch er seinen Mund nicht auf* (Jes 53,7). Dieser Stelle der Anklage müssen wir die Lehre entnehmen, daß nicht an jedem Ort, zu jeder Zeit und vor jeder beliebigen Person die Wahrheit kundgetan werden soll, und daß möglichst oft zu schweigen göttlich ist. Um sich dem hier Vorgestellten entsprechend verhalten zu können, soll der Mensch des Ernstes des Abschnitts eingedenk sein und beten: *Jesus, der du, vor Herodes bestellt, die falschen Beschuldigungen mit keinem Wort zurückweisen wolltest, gib, daß ich an den Beleidigungen der Feinde nicht zerbreche und die heiligen Geheimnisse nicht Unwürdigen offenbare.* [LXI,15]

CHRISTUS WIRD EIN WEISSES KLEID ANGEZOGEN, UND WAS DAMIT BEDEUTET WIRD. – Herodes verachtete Jesus nicht nur, sondern *trieb* auch *seinen Spott mit ihm* und *ließ ihm* als Zeichen der Verhöhnung *ein Prunkgewand umhängen* (Lk 23,11), so wie Narren irgendein lächerliches Gewand anzuziehen pflegen, an dem sie von anderen erkannt werden. Vielleicht war es für die Spötter jener Zeit üblich, ein weißes Kleid überzuziehen und sich so als Narren zu verkleiden. Dieses Gewand war, wie man sagt, wie das Skapulier der Religiosen ohne Kapuze und hing vorne und hinten vom Hals herab. Vielleicht nahmen sie ein Stück weißen Stoff, brachten schnell in seiner Mitte eine Öffnung an und legten es ihm so um den Hals. Doch wie sehr Herodes das auch zum Spott tat, es enthielt doch ein Geheimnis, wie sämtliche anderen Geschehnisse um das Leiden Christi herum. Mit dem weißen Kleid wird nämlich die Unschuld und Keuschheit der angenommenen Menschheit und die Herrlichkeit der unsterblichen Königswürde ausgedrückt, die er durch das Leiden empfing, sowie die Tatsache, daß er in seinem reinen und unschuldigen Fleisch als das makellose Lamm für die Sünden der ganzen Welt starb. Mögest auch du nur im weißen Kleid, also fehler- und grundlos, verspottet und geschmäht werden; im übrigen sollst du den Spott als Strafe für die Sünde ansehen und sollst mehr an der Ursache und am Gegenstand der Verspottung leiden, als an der Verspottung selbst. Durch sein Tun deutete Herodes völlig unbewußt daraufhin, daß Christus mit dem Weiß der Reinheit und Unschuld bekleidet war. ... [LXI,17]

WAS BEDEUTET DER FREUNDSCHAFTSBUND ZWISCHEN PILATUS UND HERODES? – Weil auch Herodes an Christus keinen Grund fand, ihn zum Tode zu verurteilen, *schickte er ihn, nachdem er ihn verspottet und mit dem Prunkgewand bekleidet hatte, so zu Pilatus zurück* (Lk 23,11), um diesen zu ehren, wie Pilatus ihm Ehre erwiesen hatte. Dadurch bestätigte er, daß er mit dem Tod des Herrn einverstanden war. Dieser war ihm nämlich als Untertan seines Herrschaftsgebietes geschickt worden, und weil er keine Schuld an ihm fand, wäre er verpflichtet gewesen, ihn freizusprechen, nicht aber ihn einem fremden Richter zurückzuschikken. Dennoch schickte ihn Herodes zu Pilatus, als ob er sagen wollte: Tue mit ihm, wie du willst. Und möglicherweise sandte er ihm auch eine dementsprechende Botschaft. Also ging der Herr im Spottgewand – er trug das weiße Kleid – zurück und brachte die Zustimmung des Herodes zu seinem Tod mit sich.

Diese Zustimmung tat sich in einem Zeichen und einem Ereignis kund: im Zeichen der Verspottung mit dem weißen Kleid, wie auch im Ereignis des Freundschaftsbundes, denn *an diesem Tag wurden Herodes und Pilatus* aufgrund der gegenseitigen Ehrerweisung *Freunde. Vorher waren sie Feinde gewesen* (Lk 23,12) infolge des Mordes an einigen Galiläern aus dem Herrschaftsbereich des Herodes, die Pilatus umgebracht und ihr Blut den Opfern beigemischt hatte, die sie darbrachten. Aber nun war Pilatus in dieser Angelegenheit mit Herodes versöhnt, weil Herodes es Pilatus zugute hielt, daß er ihm den Mann geschickt hatte, den er schon lange zu sehen begehrte. Und so werden oft viele, die vorher verfeindet waren, in der gemeinsamen Verurteilung oder Schädigung Unschuldiger zu Freunden und Gleichgesinnten. Diese Freundschaft zwischen Pilatus und Herodes war auch ein Zeichen dafür, daß Juden und Heiden in der Verfolgung der Christen eines Sinnes waren. Dazu meint Beda: »Dieser äußerst frevelhafte Bund zwischen Herodes und Pilatus, den sie auf den Tod Christi hin schlossen, wird durch ihre Nachfolger wie ein Erbrecht bis heute gehalten, wenn Heiden und Juden, die zwar durch Abstammung und Religion wie auch durch ihre Gesinnung getrennt sind, dennoch übereinkommen, die Christen zu verfolgen und in ihnen den Glauben an Christus zu zerstören.« ... [LXI,19]

4. ZUR TERZ: DIE PASSION DES HERRN

DIE JUDEN ZOGEN BARABBAS CHRISTUS VOR; WER DENN SIEHT IHNEN ÄHNLICH? – Pilatus suchte also von den Juden zu erfahren, welchen der beiden Verurteilten sie zu Ehren des Paschafestes frei haben wollten, und, fast ermahnend, sprach er von Christus und fragte, ob sie den König der Juden frei haben wollten. Sie aber, von maßlosem Haß gegen Christus erfüllt und in der Bosheit ihres Herzens verharrend, wählten den verruchten Barabbas und verlangten, diesen laufen zu lassen und freizusprechen, Christus aber, den Unschuldigen, nicht freizulassen, sondern aus ihrer Mitte zu entfernen und zu kreuzigen. Sie meinten nämlich, wie Chrysostomus sagt, behaupten zu können, Jesus sei schlimmer als der Räuber und keineswegs, auch nicht des Festes wegen freizusprechen. Darin offenbart sich das verborgene Geheimnis ihres künftigen Unglaubens, daß sie den Antichristen Christus vorziehen werden. Die Räuber verlangten nach dem Räuber und zogen den Mörder dem Urheber des Lebens vor. Das wird ihnen später der heilige Petrus vorwerfen: *Ihr aber habt den Heiligen und Gerechten verleugnet und die Freilassung eines Mörders gefordert. Den Urheber des Lebens habt ihr getötet* (Apg 3,14f.). O große Ungerechtigkeit und Bosheit der unglückseligen Juden, die, um den Tod Christi zu erreichen, – gegen das Staatswohl und die Gerechtigkeit – die Freilassung eines öffentlichen Räubers verlangten, die, ebenso töricht wie gottlos, den Tod dem Leben, die Finsternis dem Licht, den Sohn des Teufels dem Sohn Gottes vorzogen! Dazu sagte Augustinus: »O Blindheit der Juden, o Raserei des Wahnsinns! *Nicht diesen, sondern Barabbas!* (Joh 18,40); was heißt das anderes, als jenen töten, der die Toten erweckte, und den Räuber freizulassen, damit er abermals Lebende töte?« ... [LXII,4]

Christus wird gegeisselt. – Dann wurde der Herr, der die Gefesselten zu befreien pflegt, äußerst grausam an eine Säule gebunden; und da er Gott seinen ganzen Leib für die Geißelhiebe darbot, wurde er unmenschlich ausgepeischt, überall von den Geißeln zerfleischt und mit Hieben gemartert. Nackt stand der von Liebe erfüllte junge Mann vor allen, vornehm und schamvoll schwieg er zu allem wie ein Lamm. *Der Schönste aller Menschen* (Ps 45,3) nahm die harten, rohen und schmerzhaften Geißelhiebe der Unflätigen auf sich. Jener vollkommen unschuldige und zarte Leib, ganz rein und schön, die Blüte aller Leiber und der gesamten menschlichen Natur, wurde mit Wunden und blauen Flecken ganz bedeckt und gebrochen. Am ganzen heiligen Leib wurde er verwundet, *von Kopf bis Fuß* (Jes 1,6) blieb kein heiler Fleck und sein Gewand färbte sich ganz rot. Von allen Seiten und Gliedern floß das königliche und kostbare Blut, und sein weiß leuchtender Leib färbte sich von seinem Blut ganz rot. ... [LXII,9]

DER HERR WIRD MIT EINEM PURPURMANTEL BEKLEIDET. – Als sich Jesus nach der Geißelung wieder bekleiden wollte, stritten etliche Ruchlose mit Pilatus und sagten: Herr, wir wollen den, der sich auf Erden zum König gemacht hat, nach königlicher Sitte kleiden und krönen. Die Elenden wollten vor aller Öffentlichkeit ihr Spiel mit ihm treiben, bevor sie ihn dem Tod auslieferten. Dazu bemerkt Anselm: »Schließlich, Jesus, bist du in die Hände der unbeschnittenen Soldaten gefallen, die dir einen schmachvollen Tod bereiten sollen; es war ihnen nicht genug, dich mit ihren gottlosen Händen zu kreuzigen, ohne zuvor noch deine Seele mit Hohn zu tränken.« *Und*, mit der Einwilligung des Pilatus, *riefen sie* dazu *die ganze Kohorte in das Prätorium* (Mk 15,16), wo der Statthalter und der Senat versammelt waren, damit alle bei diesem

Schauspiel zugegen wären und ihn an einem öffentlichen Ort und vor der Menge noch mehr verspotten konnten. Und kaum hatten sie ihn bekleidet, *zogen sie ihn* wieder *aus* und steckten ihn in ein Gewand oder eine purpurne Tunika, *legten ihm einen scharlachroten Mantel um* (Mt 27,28), eine Art Oberkleid oder nahtlosen Rock, der von einer scharlachfarbenen, das heißt zwischen rubin- und purpurfarbenen Spange zusammengehalten wurde, zur Verhöhnung des königlichen Namens, den er nach der Behauptung der Juden zu Unrecht trug. Und um ihn als falschen König zu verspotten, nahmen sie zur noch größeren Verwirrung einen purpurnen Mantel, keinen neuen, sondern einen alten: da er nämlich König genannt wurde, zogen sie ihm die Gewänder an, die ehemals die Könige trugen. An jenem Tag wurde Christus somit dreifach bekleidet: mit einem weißen, einem roten und einem scharlachfarbenen Kleid, zum Zeichen dafür, daß, wer der Gemeinschaft Christi angehören will, das weiße Kleid der Unschuld, das rote der Liebe und des Gehorsams und das scharlachfarbene der Buße tragen soll. … [LXII,12]

Die Krönung Christi mit der Dornenkrone … – Als Diadem oder Königskrone *flochten sie,* durch Winden oder Biegen und Ineinanderflechten *einen Kranz aus Dornen* in der Form einer Krone für das Haupt, aus dornigen und stachligen Binsen mit sehr scharfen Spitzen. *Den Kranz setzten sie ihm* scheinbar ehrerbietig und behutsam *auf* (Mt 27,29), mit den Stacheln zum Haupt hin, um die Schmach der Verhöhnung durch die Pein der Stiche noch zu steigern. Aufmerksame Beobachter berichten, sie hätten jenen Dornen Rosmarinzweige untergemischt, die, wie es heißt, nicht weniger harte und scharfe, rauhe, stechende und durchdringende Spitzen haben als die Dornen, so daß sogar Leute, die mit Schuhen darauf treten, wie der Dichter sagt: *durch die scharfe Spitze der Binsen*, dadurch verletzt werden können. – Ein süßes Kissen sei für mich, o Herr, die Dornenkrone deines Hauptes. ... [LXII,14]

DER KNIEFALL VOR CHRISTUS ... – Betrachte hier, wie Christus nicht nur dem Vater, sondern auch seinen Spöttern in allem gehorcht. Er ließ sich den Purpurmantel umlegen, bot das Haupt für die Krone dar, nahm das Bambusrohr in die Hand. Wie also Christus als König der Herrlichkeit, mit der Dornenkrone gekrönt, mit dem Purpurmantel und dem Zepter ausgestattet, höhnisch verspottet wurde, so soll auch der Diener Christi, wenn er in dieser Welt, gleichsam aller Ehren unwürdig, geringgeschätzt, von anmaßenden Menschen verachtet und verspottet wird, daran denken, daß *der Sklave nicht größer ist als sein Herr* (Joh 13,16), und er soll es nicht als ein Unrecht erachten, wenn er ähnliches wie der höchste König erleidet. – Nachdem sie ihn alsdann mit den königlichen Wahrzeichen ausgestattet hatten, fielen sie vor ihm auf die Knie, und während sie ihn spottend als Gott anbeteten und als König grüßten, *verhöhnten sie ihn,* als wollte er regieren und wäre dazu nicht imstande. Sie verlachten ihn, *indem sie riefen: Heil dir, König der Juden!* (Mt 27,29). Als sagten sie: Du wolltest regieren, vermochtest es aber nicht. Indem sie ihn König der Juden nannten, sagten sie ungewollt und spottend die Wahrheit. Nach Beda beteten sie ihn so an, als hätte er sich selber fälschlich als Gott bezeichnet, und grüßten ihn, als hätte er sich fälschlich zum König gemacht.

Das taten sie, damit ihr Spott mit der Anklage der Juden übereinstimme, weil die Juden ihm beides vorwarfen. Sie handelten also aus verwerflicher Gesinnung, da sie ihn mit Stacheln krönten und mit Spott anbeteten und grüßten. ... [LXII,17]

CHRISTUS WIRD VON NEUEM GEOHRFEIGT UND ANGESPIEN. – *Und,* um ihn auch mit Taten zu verspotten, wie sie es mit Zeichen und Worten getan hatten, *schlugen sie ihm ins Gesicht* (Joh 19,3), um ihn noch mehr zu verhöhnen und durch ihr Tun zu zeigen, daß sie ihm solche Ehre nur zum Spott erwiesen. Sie machten dadurch seine Verspottung noch erniedrigender, indem sie ihm, den sie scheinbar als Gott anbeteten und als König grüßten, Backenstreiche gaben. Diese Backenstreiche unterschieden sich von jenen, die er im Hause des Hannas erhielt: Dort hatte er einen Backenstreich von einem der Diener erhalten, hier erhält er mehrere von verschiedenen Leuten; jener wurde aus Rache, diese zum Hohn gegeben. Der Schriftstelle können wir die Bitte entnehmen: *Jesus, der du mit Backenstreichen wolltest geschlagen werden, gib, daß ich dir stets mit Mund und Leben Beifall bezeuge und daß die Werke anderer, selbst wenn sie böse sind, mir zum Guten dienen.* ... [LXII,18]

CHRISTUS WIRD VOR DAS VOLK GEFÜHRT ... – Aber es genügte ihnen nicht, daß sich eine ganze Kohorte von Soldaten zum größeren Spott zusammengeschart hatte, sondern auf Befehl des Pilatus führten sie den so verhöhnten Jesus hinaus vor Pilatus und das ganze jüdische Volk, das draußen wartete und wegen des Paschafestes das Prätorium nicht betrat, um ihn allen als Gegenstand des Spottes und der Schmach vorzuführen. *Pilatus ging wieder* vom Prätorium zu den Juden *hinaus und sagte zu ihnen: Seht, ich bringe ihn zu euch heraus,* nachdem ich ihn aufs genaueste verhört und bestraft habe, um euch zufriedenzustellen. *Ihr sollt wissen, daß ich keinen Grund finde, ihn* zum Tode *zu verurteilen* (Joh 19,4), wenn ich auch erlaubt habe, daß er geschlagen und verspottet werde. Um euretwillen habe ich dies einem Unschuldigen angetan, und es soll euch genügen. Er zeigte Jesus in der Aufmachung, in der er von den Dienern verspottet worden war, damit sie sich wenigstens beim Anblick des so Geschändeten beruhigten. *Jesus kam* auf Befehl des Pilatus *heraus, er trug die Dornenkrone und den purpurroten Mantel* (Joh 19,5), den häßlichen, alten scharlachfarbenen Umhang und das Zepter aus Bambus. Siehe, welch ein beklagenswerter Anblick! Er schritt gleichsam in königlicher Haltung einher, doch rundum der Verspottung preisgegeben. Siehe, wie dein König und Herrscher mit Schmach bedeckt wird und sie demütig auf sich nimmt, um dich von der ewigen Schmach zu befreien und von der Pest des Hochmuts zu heilen. Hier werden wir nämlich belehrt, daß wir bereit sein sollen, alle Schmach im Namen Jesu Christi auf uns zu nehmen und gewillt, in allem gedemütigt zu werden. Daher sagt Anselm: »Beachte, meine Seele, wer es ist, der wie eine königliche Gestalt einhergeht und dennoch mit der Schmach eines verächtlichsten Sklaven überschüttet wird: gekrönt schreitet er einher, aber er wird von seiner Krone gemartert und sein wohlgestaltes Haupt durch tausend Stiche verwundet.« *Und* da die Juden so verächtlich redeten oder weil er sie zum Erbarmen bewegen wollte, *sagte Pilatus zu ihnen: Seht den Menschen!* (Joh 19,5); da seht den Menschen, von dem ihr geglaubt habt, er wolle das Reich an sich reißen. Als wollte er sagen: Selbst wenn er etwas Böses getan hätte, so ist er doch über alles Maß bestraft worden, und das sollte euch jetzt genügen: Seht die Stacheln in seinem Haupt, den völlig zerfleischten Leib, das bespiene Antlitz und habt um Gottes Willen Mitleid mit ihm, denn er ist euer Bruder. Pilatus wollte nämlich, daß sie sähen, wie sehr er schon bestraft und verspottet worden war, und sie dadurch zum Mitleid bewegen. Um sie von ihrer Haltung abzubringen, veranlaßte er diese Schaustellung. Dazu bemerkt Chrysostomus: »Er führte den gekrönten Jesus zu ihnen heraus, damit sie beim Anblick der Schmähung, die ihm die Soldaten angetan hatten, von der Passion abließen und das Gift ausspien.« ... [LXII,22]

DAS GESCHREI DER JUDEN, DIE NACH DER KREUZIGUNG DES HERRN VERLANGEN ... – Aber trotz dieser Aufforderung des Pilatus wurde die unersättliche Wut der Gottlosen nicht besänftigt, sondern wuchs noch an. Sieh, die große Halsstarrigkeit, mit der die Juden den Tod Christi fordern; denn hartnäckige Bosheit läßt sich nicht durch Erbarmen erweichen. Als nämlich jene Juden Christus so bestraft und verhöhnt sahen und erkannten, daß Pilatus ihn laufen lassen wollte, hatten sie keinerlei Mitleid mit ihm und gaben sich weder mit der raschen Züchtigung noch mit der Schande der Verspottung zufrieden, noch mit einem Freispruch des Pilatus, sondern *schrien* wild und stachelten noch andere zum Schreien an: *Ans Kreuz mit ihm, ans Kreuz mit ihm* (Joh 19,6). Als wollten sie sagen: Diese Strafe reicht uns keineswegs: wir verlangen, daß er sterbe. Als sie Jesus erblickten, wurden sie noch erregter, weil durch den Anblick des Gehaßten der Haß im Herzen des Hassenden noch geschürt wird. So schrien sie noch lauter und forderten noch heftiger *ans Kreuz mit ihm,* weil sie ihn der Absicht und der Tat nach kreuzigten. So groß war ihre Grausamkeit, daß ihnen nicht eines von beiden ausreichte, die Geißelung oder die Todesmarter, sondern sie wollten beides. Auch war ihnen nicht jede beliebige Todesart genehm, sondern sie forderten, daß er durch den schändlichsten und härtesten Kreuzestod umgebracht, mit Nägeln ans Holz geheftet werde, damit der Schmerz nicht zu schnell vorbei sei, er vielmehr eines langwierigen Todes sterbe, und so länger am Kreuz zur Schau gestellt und durch die Todesart noch tiefer geschändet werde. ... [LXII,23]

DURCH DAS GESCHREI DER JUDEN IN FURCHT VERSETZT, BESTIEG PILATUS DEN RICHTERSTUHL ZUM URTEILSSPRUCH. – ... Gleichsam spottend sagte Pilatus zu ihnen: *Euren König soll ich kreuzigen?* Die Schande wird auf euch zurückfallen. Als wollte er sagen: Weshalb fürchtet ihr, daß er als König herrsche; da nun schon weit und breit davon die Rede war, gereicht es euch nicht zur Ehre, daß euer König verurteilt wird, und ihr werdet euch schämen müssen, wenn er eines so schimpflichen Todes stirbt. Laßt ihr euch nicht von seiner Demut bewegen, so doch vom Gedanken an eure Schande, falls ich ihn kreuzigen ließe. Sie aber schlossen sich von der Freiheit des Reiches Gottes und Christi aus und wählten das Joch des Teufels; sie unterwarfen sich der dauernden Sklaverei und Gewaltherrschaft, indem sie sagten: *Wir haben keinen König, außer dem Kaiser* (Joh 19,15). Daraus ergibt sich, daß sie sich von da an zur ständigen Unterwerfung unter die Römer verpflichteten und auf jede andere Königsherrschaft verzichteten. Auch zeigte sich die

Hartnäckigkeit, mit der sie den Tod Christi herbeiführen wollten, darin, daß sie offen zugaben, sich selbst um seiner Verurteilung willen in ständige Sklaverei begeben zu wollen. Dazu bemerkt Chrysostomus: »Sie lehnten das Reich Gottes ab und lieferten sich dem Römischen Reich aus; da sie nicht erkannten, was sie besaßen, empfingen sie, was sie begehrten.« Ebenso schreien auch unsere Bischöfe, Vorsteher oder Pfarrer, die ihre Gemeinden im Stich lassen und sich in die irdischen Geschäfte der Regierung oder des Landes einmischen. Auf diese Weise haben auch die Juden Pilatus Furcht eingeflößt. Nach Augustinus hätte sich Pilatus ganz offen gegen den Kaiser gerichtet, wenn er, als sie sich zu keinem König außer dem Kaiser bekannten, einen anderen als König hätte einsetzen und jenen unbestraft laufen lassen wollen, den sie ihm zum Tode ausgeliefert hatten, weil er es gewagt hatte, sich die Königsherrschaft anzumaßen. ...
[LXII,25]

Christus wird zur Kreuzigung verurteilt. – Doch bald wurde Pilatus von seiner Furcht überwältigt und wich vom Pfad der Wahrheit und Gerechtigkeit ab. Nachdem nämlich die ganze Menge der Juden mit lautem Geschrei verlangt hatte, daß Christus gekreuzigt werde, wurde der erbärmliche Statthalter Pilatus von Furcht vor dem Kaiser ergriffen. Um der Gunst des jüdischen Volkes willen, über das er gesetzt war und von dem er Geld zu erheben hoffte, verurteilte er gegen seine Überzeugung und sein Gewissen den Unschuldigen durch grausamen Richterspruch zum Tod; denn er wußte, daß Christus unschuldig war und kein Grund zur Todesstrafe vorlag. So *lieferte er ihnen Jesus* durch einen endgültigen Urteilsspruch *aus, damit er* kraft der richterlichen Gewalt des Statthalters *gekreuzigt werde* (Joh 19,16). ... [LXII,27]

Das Kreuz wird Christus auf die Schultern gelegt. – Nachdem der Urteilsspruch gefällt war, wurde der Herr wieder hineingeführt und des Oberkleides und *des Purpurmantels* entblößt, mit dem er von ihnen bekleidet worden war. Und der nackt vor ihnen Stehende durfte sich kaum mit dem Nötigsten bekleiden. Schaue auch hier auf den Herrn wie zuvor bei der Erwägung der Geißelung. Schließlich zogen sie ihm *seine eigenen Kleider* (Mk 15,20) wieder über, die sie ihm weggenommen hatten, damit er auf dem Weg zum Tod im eigenen Gewand besser erkannt werde als in einem fremden. Und als er mit den eigenen Kleidern bekleidet war, führten sie ihn so schnell wie möglich nach draußen, damit sein Tod nicht länger hinausgeschoben werde. Sie banden ihm einen Strick um Hände und Nacken, verkündeten ihm das Todesurteil und trieben ihn wie einen Übeltäter aus seiner eigenen Stadt hinaus. Dann legten sie das ehrwürdige, lange, grobe, schwere Holz des Kreuzes auf seine zarten Schultern, damit er es selbst an den Ort trage, wo er gekreuzigt werden sollte. Nach den Berichten soll das Kreuz fünfzehn Fuß lang gewesen sein. Und weil jenes Holz als schändlich und unrein, zudem der Kreuzestod als äußerst schimpflich galt, wie im Buch Deuteronomium steht: *Ein Gehenkter ist ein von Gott Verfluchter* (Dtn 21,23), wollte keiner von ihnen jenes Holz berühren, geschweige denn tragen. Deswegen legten sie es Jesus auf, der schon verurteilt worden war. Das sanfte Lamm nahm es geduldig entgegen und trug das Marterholz in Todesangst auf seinen Schultern zum Ort des Leidens. Dazu sagt Augustinus: »Hier erfüllt sich das Wort des Jesaja: *Die Herrschaft ruht auf seinen Schultern* (Jes 9,6). Die Herrschaft Christi ist nämlich sein Kreuz; um des Kreuzes willen, so sagt der Apostel, *hat Gott ihn über alle erhöht* (Phil 2,9). Die einen tragen als Zeichen der Würde einen Gürtel, andere die Mitra, der Herr aber das Kreuz. Wenn du nachforschest, wirst du herausfinden, daß Jesus nicht anders als durch Bedrängnis in uns herrscht, dies macht die Feinde des Kreuzes so kostbar.« [LXII,29]

WARUM WIRD SIMON VON ZYRENE GEZWUNGEN, DAS KREUZ ZU TRAGEN? – Als nun der Herr auf seinem Weg durch die vorher erlittenen Schmerzen geschwächt derart erschöpft und kraftlos war, daß er nur noch schleppend weiterkam und das Kreuz nicht länger zu tragen vermochte, setzte er es nieder, um etwas zu ruhen und um Atem zu schöpfen. Jene Bösewichte aber wollten seinen Tod nicht verzögern; sie fürchteten, Pilatus widerrufe den Urteilsspruch, da er die Absicht gezeigt hatte, ihn freizulassen. So *zwangen sie Simon von Zyrene*, der nach der Stadt Zyrene in Libyen benannt war, *den Vater des Alexander und des Rufus* – beide Söhne waren Jünger des Herrn –, *der gerade vom Feld zurückkehrte* und ihnen bei seiner Rückkehr in die Stadt entgegenkam, *das Kreuz* hinter Jesus her *zu tragen* bis zum Ort der Kreuzigung (Mk 15,21). Das taten sie nicht aus Mitleid mit Christus, sondern damit er rascher zur Kreuzigung gebracht werde und auch, um ihn als erschöpften und kraftlosen Menschen bloßzustellen und so zu verhindern, daß er für Gottes Sohn gehalten werde. ... Deshalb zwangen sie Simon von Zyrene, das Kreuz, das die anderen zurückwiesen, als eine Art Buße zu tragen. Er trug es dem Leibe nach und widerwillig, nicht dem Geiste nach und freiwillig: einmal weil es schimpflich war, das Kreuz zu tragen, besonders auch, weil er vielleicht selber ein Jünger Jesu war, aber im Geheimen. Und wie Hieronymus schreibt, wird der Name dieses Simon hier um seiner Söhne willen, die Jünger Christi waren, genannt. Jesus konnte das Kreuz nicht lange tragen, weil er von den vorausgegangenen Schlägen zu geschwächt war; deshalb stellten die Juden Simon dazu an, das Kreuz hinter Jesus herzutragen. Das soll uns lehren, daß jeder das Kreuz der Buße so lange zu tragen hat, wie er es vermag, kann er aber nicht weiter, dann erlaubt Christus, daß ein anderer es für ihn trage. ... [LXII,34]

5. ZUR SEXT: DIE PASSION DES HERRN

Die Kreuzigung Christi ... – Unser Herr aber gab sich nicht bloß dazu her, auf das Kreuz ausgespannt zu werden, sondern wollte sich ans Kreuz annageln lassen, um uns seine unauflösliche Liebe einzuprägen, mit der er unser Heil gesichert hat. Mit ausgespannten Sehnen und Adern, mit gewaltsam gestreckten Knochen und Gelenken wurde er ans Kreuz geschlagen, nachdem Hände und Füße roh durchbohrt und mit dicken und sehr harten Nägeln verwundet, Haut und Fleisch, Nerven, Adern zerrissen und die Gelenke zersplittert worden waren. Biete also, durch solche Qual aufgerufen, auch deine Hände und Füße zu jedem guten Werk an! Denn weil der erste Mensch die Hände zum Baum der Gesetzesübertretung ausstreckte und mit den Füßen zu ihm herantrat, hat er dem Teufel den Schuldschein unserer Verurteilung ausgestellt; deshalb wollte unser Erlöser, zur Tilgung jenes Schuldscheins, an Händen und Füßen mit den Nägeln unbesiegbarer Liebe an das Holz des heilbringenden

Kreuzes angeheftet werden. *Er hat den Schuldschein, der gegen uns sprach, durchgestrichen und ihn dadurch getilgt, daß er ihn an das Kreuz geheftet hat* (Kol 2,14). O wie bereitwillig bestieg er das Kreuz und mit wieviel Liebe ertrug er alles für uns! O mit welcher Geduld gehorchte er, und wie freute sich der Vater über diesen Gehorsam! O wie viele Stimmen, wieviel trauriges Klagen und Seufzen konnte man dort von seinen Freunden und besonders von seiner zu Tode betrübten Mutter hören, als er so grausam ausgestreckt, angenagelt, durchbohrt und am ganzen Leib zerstört wurde. ... [LXIII,6]

DIE KREUZESAUFSCHRIFT ... – *Pilatus ließ aber auch eine Schrift* auf eine Art Tafel *setzen und* sie mit der falschen Anklage *an das Kreuz heften,* damit sie stärker ins Auge springe; die Aufschrift aber enthielt den Grund seines Todes: *Jesus*, damit wird sein Eigenname genannt, *von Nazaret,* seiner Vaterstadt, weil er dort aufgezogen worden war, *der König der Juden* (Joh 19,19), womit der Grund seines Todes bekanntgemacht wurde. Als würde gesagt: Er ist gekreuzigt worden, weil er der König der Juden war. Es war nämlich Brauch bei den Römern, auf dem Kreuzesholz den Grund für das Todesurteil der Gekreuzigten zu vermerken. Er aber war angeklagt worden, weil er sich die jüdische Königsherrschaft zu Unrecht habe aneignen wollen. Aus diesem Grund hatten ihn die Juden an Pilatus ausgeliefert, und Pilatus hatte ihn zum Tod verurteilt. Weil die Juden gegen den Willen des Pilatus die Kreuzigung Christi forderten, verfaßte dieser, um sich an ihnen zu rächen, die Aufschrift, so daß die Schande auf sie selber zurückfiele. Dazu meint Chrysostomus: »Wie auf einer Trophäe Buchstaben stehen, die den Sieg anzeigen, so ließ Pilatus eine Aufschrift am Kreuz Christi anbringen. Damit sprach er sich für Christus aus, indem er ihn von den Räubern unterschied; zugleich rächte er sich aber auch an den Juden, indem er die Bosheit aufzeigte, mit der sie sich gegen ihren König erhoben hatten.« Nach Theophilus hätten die Juden ihn zu dieser Aufschrift veranlaßt, mit der Absicht, Jesu Anspruch auf das Königtum lächerlich zu machen und so zu verhindern, daß die Vorübergehenden sich seiner erbarmten, sondern angeregt würden, ihn wie einen Tyrannen zu schmähen; doch Pilatus schrieb nicht, was sie wollten. Hieronymus erklärt dazu: »Die Juden taten es, um des Hohnes und der Verspottung willen, in der Absicht des Pilatus aber lag etwas anderes.« ... [LXIII,10]

Die Kreuzigung der Räuber ... – *Zusammen mit Jesus kreuzigten sie zwei Räuber,* die wegen ihrer Verbrechen verurteilt worden waren, *den einen rechts von ihm,* der schließlich Buße tat, *den anderen links* (Mk 15,27), der in der Verstocktheit verharrte, Jesus, den Vermittler der Versöhnung, aber in der Mitte. Doch dies geschah ganz nach der Absicht der Juden, ihm Schimpf und Schande zuzufügen, damit er, aus einem ähnlichen Grund wie die Räuber zu Tode verurteilt, an ihren Übeltaten beteiligt erschiene und durch ihre Gesellschaft in üblen Ruf gebracht werde. Achtet man aber auf das Geheimnis, so trägt diese Anordung zur Hoheit Christi bei; denn darin offenbart sich, daß er durch sein Leiden die richterliche Gewalt erwarb. Die Stellung der Mitte weist auf den Richter hin. Chrysostomus erklärt dazu: »Gleichzeitig kreuzigten sie die Räuber, und zwar nicht als Feinde der Räuber, denn sie waren mitbeteiligt an ihren Verbrechen, sondern um ihren Herrn zu beschuldigen, damit es nicht scheine, als würde er grundlos gekreuzigt, sondern gleichsam als ein Verbrecher.« Auch Ambrosius sagt: »Was für ein verabscheuungswürdiges Unrecht der Juden, den Erlöser aller wie einen Räuber zu kreuzigen! Er selber ließ es zu und wollte mit den Sündern gekreuzigt werden, um so kundzutun, daß er für die Sünder litt und starb; damit sollte auch die Schrift des Jesaja erfüllt werden, die lange zuvor geweissagt hatte: *Er ließ sich unter die Verbrecher zählen* (Jes 53,12). Im Tode ließ er sich *unter die Verbrecher zählen,* damit er sie bei der Auferstehung zum Leben erwecke.« ... [LXIII,15]

Die Kleider Christi werden verteilt ... – Sieh, wie die Kleider Christi den Soldaten als Beute überlassen werden, wie die Kleider von Mördern meist den Folterknechten überlassen wurden. Damit gibt man uns zweierlei zu begreifen: Zum einen die Schmach des Leidens Christi, da er nackt gekreuzigt wurde, was nur bei schändlichen Menschen geschah; zum anderen die Habgier der Peiniger, denn sie rissen alle Kleider Christi an sich, wenn sie auch noch so wertlos waren. Dazu meint Chrysostomus: »Sie verteilten die Kleider unter sich, was bei den gemeinen und niedrigen Verurteilten geschah, die nichts anderes besaßen. Dem Entehrten und Gedemütigten, gleichsam dem unter allen Verächtlichsten wagten sie dies anzutun. Bei den Räubern allerdings taten sie nichts derartiges, bei Christus aber erlaubten sie sich alles.« ... [LXIII,17]

Wem gleichen jene, die Christus am Kreuz verspotten? – *Sie setzten sich* neben dem Kreuz *nieder und bewachten ihn,* bis er verscheiden würde, damit er nicht entkommen noch jemand ihn lebend vom Kreuz herabnehmen könne. So wollten sie seine Ohnmacht aufzeigen und beweisen, daß er, von den Wächtern so verhindert, sich nicht selber helfen könne. Dazu erklärt Hieronymus: »Die Wachsamkeit der Soldaten und Hohenpriester läßt uns die Macht des Auferstehenden noch gewaltiger und offenkundiger erscheinen.« Am Kreuz allerdings wurde er von vielen und verschiedenen Leuten abwechselnd verhöhnt und verspottet. Achte in der Abfolge des Berichts auf die vier unterschiedlichen Arten, wie Christus am Kreuz verspottet wurde: zur ersten Art gehören jene, die dasaßen und *ihn bewachten* (Mt 27,36), zur zweiten jene, die vorbeikamen und *ihn verhöhnten* (Mt 27,40), zur dritten die dabeistehenden Hohenpriester und Ältesten und zur vierten die mit ihm gekreuzigten Räuber. Diese verschiedenen Arten von Anwesenden verkörpern vier Menschengruppen, die seine Macht leugneten: die Sitzenden sind die Verwöhnten und Trägen, die auf fleischliche Genüsse aus sind; die Vorübergehenden sind die Selbstsüchtigen und Geizigen, die den Weg der Gerechtigkeit meiden; die Stehenden sind die Stolzen und Übermütigen, die aus Ehrgeiz stehen, die Hängenden aber sind die im Unglück Ungeduldigen und Verbitterten. Während einige dasaßen und ihn bewachten, *kamen* andere auf dem Weg nahe *vorbei,* das heißt, gewöhnliche Leute, die nahe am Ort der Kreuzigung vorbeigingen, liefen zusammen, *verhöhnten ihn, schüttelten den Kopf* zum Zeichen des Spotts *und riefen* schmähend: Hehe, was ein Ausruf der Beleidigung oder des Hohns und Spottes ist, *du willst den Tempel niederreißen*, wie du gesagt hast, *und in drei Tagen wieder aufbauen* (Mt 27,39) – aus eigener Kraft, die sich jetzt als so schwach erweist. Sie wiederholen die Aussprüche der falschen Zeugen und stimmen mit ihnen überein, die ihm vorwarfen, diese Aussage gemacht zu haben; was aber falsch war. [LXIII,18]

DIE SIEBEN WORTE CHRISTI AM KREUZ. – Betrachte deinen Lehrer, wie er von der Höhe aus predigt. Der Herr war, selbst als er am Kreuz hing, nicht müßig bis zur Aufgabe des Geistes, sondern wirkte und sagte Hilfreiches für uns. Nach Augustinus verhielt er sich wie ein Lehrer auf dem Lehrstuhl, das Holz, an dem er hing, war zum Lehrstuhl des Lehrenden geworden. Diese sieben allerheiligsten Worte, die der ans Kreuz Geschlagene sprach, merke sie dir kurz und durchdenke sie häufig und mit Hingabe. ... [LXIII,27]

ERSTES WORT: ER BETET FÜR DIE, DIE IHN KREUZIGEN. – Das erste Wort spricht der Herr noch während der eigentlichen Kreuzigung, als er für seine Peiniger, seine überaus grausamen Feinde, die ihn ans Kreuz schlugen, folgendermaßen betete: *Vater, vergib ihnen, denn sie wissen nicht, was sie tun* (Lk 23,34): mir nämlich Gutes, sich selber aber Schlechtes. So ist es in der Tat, weil derjenige, der einem anderen Böses zufügt, nicht weiß, wieviel Strafe und Schuld er sich selber auflädt und wieviel Gnade und Lohn er dem anderen verschafft. *Sie wissen nicht, was sie tun,* heißt aber auch, sie wissen nicht, daß ich es bin, dein Sohn, den sie kreuzigen. Dazu sagt Chrysostomus: »Was der Herr gesagt hatte: *Betet für die, die euch verfolgen* (Mt 5,44), das tat er auch, als er das Kreuz bestieg und sagte: *Vater, vergib ihnen,* nicht weil er ihnen die Schuld nicht selbst erlassen könnte, sondern um uns zu lehren, daß wir für unsere Verfolger nicht nur mit Worten, sondern auch mit Taten beten sollen. Weiterhin sagte er: *Vergib ihnen,* wenn sie bereuen; denn er ist den Reuigen gnädig, wenn sie für ihre große Schuld angeklagt, diese durch den Glauben tilgen wollen.« An den Worten, *sie wissen nicht, was sie tun,* wird deutlich, so meint Beda, daß er nicht für jene gebetet hat, die ihn, den sie als Sohn Gottes erkannten, aus Neid und Hochmut verleugneten und kreuzigten, sondern für jene, die voll Eifer für Gott waren, aber ihrer Erkenntnis nach nicht wußten, was sie taten. ... [LXIII,28]

Mit dem zweiten Wort verspricht er dem guten Räuber das Paradies. – Das zweite Wort richtete sich an den bereuenden, seine Schuld bekennenden Räuber; es lautet: *Heute noch wirst du mit mir im Paradies sein* (Lk 23,43). Stelle dir kein irdisches Paradies vor noch den Garten der Freuden, aus dem Adam vertrieben worden war, auch kein Engelsparadies noch einen empyreischen Himmel, denn dorthin ist vor Christus niemand aufgefahren. Stelle dir vielmehr den Limbus der Heiligen vor und den Schoß Abrahams, wohin die Seele Christi und die jenes Räubers hinabstiegen. *Im Paradies* aber bedeutet, im Genuß der Freude und glückselig in dem Genuß, den die heiligen Väter im Limbus empfanden, als die Seele Christi zu ihnen herabstieg. Am selben Tag gelangte auch die Seele jenes Räubers dorthin und erhielt Anteil an der Glückseligkeit. *Im Paradies* heißt aber auch: in der Ruhe sein, was mit Christus zusammensein bedeutet. Oder *heute noch wirst du mit mir,* nämlich *im Paradies, sein,* heißt auch, daß dort, wo Christus ist, das Paradies sich befindet, denn er ist das Paradies; wie man sagt, wo immer der Papst sich befinde, dort sei auch die römische Kurie. Dazu bemerkt Anselm: »Ich glaube, Herr, ich glaube fest, daß dort, wo du lebst und wo du bist, sich das Paradies befindet, und im Paradiese sein heißt, mit dir sein, weil jener ehrwürdige Bekenner und ruhmreiche Zeuge das ganze *Heute* hindurch und danach zu aller Zeit bei dir gewesen ist. O welche Glückseligkeit ist es, bei dir zu sein, und wie glückselig sind jene, die bei dir sind! Wahrhaft *im Paradies* und in der Ruhe sind jene, die im Glauben und in der Liebe bei dir sind.« ... [LXIII,30]

Mit dem dritten Wort empfiehlt er die Mutter dem Jünger und den Jünger der Mutter. – Das dritte Wort sprach er, um die Mutter und den Jünger in ihrer Betrübnis ein wenig zu trösten; er empfahl die Mutter, die allen Trostes beraubt, traurig und gleichsam selber am Sterben war, dem Jünger, den Jünger aber der Mutter. Er sagte nämlich *zu seiner Mutter: Frau, siehe, dein Sohn,* der dir anstelle deines Sohnes gehorchen und in Liebe verbunden sein soll. Als sagte er zu ihr: Bis jetzt bin ich dir gehorsam gewesen und habe für dich gesorgt, aber für die Zukunft hinterlasse ich dir diesen an meiner Stelle. *Dann sagte er zu dem Jünger: Siehe, deine Mutter* (Joh 19,26), der du Ehrerbietung und Dienstbarkeit schuldest wie ein Sohn seiner Mutter. Als wollte er ihm sagen: Ich trage dir auf, ihr an meiner Stelle zu gehorchen und für sie zu sorgen. Dieses dritte Wort Christi zeugt von größter Fürsorge und Liebe, weil er bei all diesen Schmerzen für die zu Tode betrübte Mutter sorgte und ihr einen Beistand gab. Damit lehrte er uns, mit unseren Eltern in Bedrängnis Mitleid zu haben und ihnen in ihren Nöten beizustehen; ihnen, falls sie bedürftig sind, Sorge angedeihen zu lassen und den geschuldeten Gehorsam zu leisten; wir sollen, in welcher Lage wir uns auch befinden, die Eltern ehren, so gut dies immer geschehen kann. Was er früher mit den Worten geboten hatte: *ehre Vater und Mutter* (Mt 15,4), das lehrte er jetzt durch sein Beispiel und tat selbst, wozu er ermahnte. An seiner Statt gab er seiner Mutter, die er sterbend verließ, gewissermaßen einen anderen Sohn, der für sie sorgte und ihr gehorchte. Darin, daß er Johannes die Mutter anempfahl, zeigt sich auch die hohe Würde des Johannes und mit welch großer Ehre der Herr ihn ehrte. Und nach Hieronymus gab es keinen Jünger, dem die Reinheit der Jungfrau besser anvertraut gewesen wäre als dem jungfräulichen Johannes, damit beide füreinander eine angenehme Gesellschaft und ein erfreulicher Anblick seien; damit auch bei ihrem liebevollen Umgang der herrliche Glanz der Jungfräulichkeit beider aufleuchte. ... [LXIII,32]

FINSTERNIS HERRSCHTE IM LAND. – *Von der sechsten bis zur neunten Stunde herrschte eine* sichtbare *Finsternis im ganzen Land* (Mt 27,45). Weil das unschuldige Lamm, die wahre *Sonne der Gerechtigkeit* (Mal 4,2), in Finsternis gehüllt war, litt auch die sichtbare Sonne, das hell leuchtende Licht der Welt, mit ihrem Schöpfer und nahm die Strahlen ihres Lichtes zurück und verbarg sie, denn sie war nicht imstande, den am Kreuz hängenden Herrn, die Erniedrigung und Bitterkeit seines Todes mitanzusehen. Dazu bemerkt Chrysostomus: »Die Sonne verdunkelte sich: denn die Schöpfung konnte die Beleidigung ihres Schöpfers nicht ertragen. Sie hielt ihre Strahlen zurück, verbarg den feurigen Glanz, damit sie die Schandtaten der Gottlosen nicht sähe.« ... [LXIII,37]

Mit dem vierten Wort klagt Christus über seine Verlassenheit vom Vater. – Mit dem vierten Wort *rief er um die neunte Stunde* in übermäßiger Schmerzenspein *laut: Eli, Eli, lema sabachtani?* Da er hebräisch sprach, erklärt es der Evangelist: *Das heißt: Mein Gott,* dessen Sohn ich als Gott der Natur nach bin, *mein Gott,* dessen Sohn ich als Mensch durch die Gnade der Einigung bin – und verweist so auf seine zweifache Natur –, *warum hast du mich verlassen?* (Mt 27,46), hast mich der Strafe und dem Tod preisgegeben? So sprach nicht die Gottheit, die ja nicht litt; denn sie blieb während der Passion Christi immer unverletzt. Wie die Sonne, wenn sie auf gespaltenes Holz brennt, dieses sicher entzündet, dabei aber keinen Schmerz empfindet, so bleibt die Gottheit des Wortes, aufgrund seiner hypostatischen Union mit dem Menschen, erst recht schmerzlos und unverletzt, in seinem Fleische aber leidet es. Diese Worte sprach vielmehr die Menschennatur, die verlassen schien und schmerzhaft litt, weil sie dem Tod und dem Leiden überliefert wurde. Als sagte Jesus: Vater, so sehr hast du die Welt geliebt, daß du mich für sie hingegeben und den Juden und dem Tod ausgeliefert hast. ... [LXIII,38]

Mit dem fünften Wort klagt der Herr über seinen Durst. – Im fünften Wort, *als Jesus wußte, daß nun alles vollbracht war,* was Gesetz und Propheten über ihn geweissagt hatten, was in der Schrift stand über das kommende Leiden Christi und was nun geschehen sollte, ehe er sich Essig geben ließ und den Geist aufgab, *sagte er: Mich dürstet, damit sich* auch das *erfüllte,* was nach dem in der *Schrift* (Joh 19,28) Geweissagten noch zu erfüllen übrig blieb, nämlich: *Für den Durst reichten sie mir Essig* (Ps 69,22). ... Dazu bemerkt Bernhard: »*Mich dürstet,* sagte Christus, nicht: ich leide Schmerzen. O Herr, wonach dürstet dich? Nach eurem Glauben, nach eurem Heil und eurer Freude; heftiger bedrängt mich die Qual eurer Seelen als die meines Leibes, und wenn ihr euch meiner nicht erbarmt, so erbarmt euch wenigstens euer.« Und nochmals: »O guter Jesus, du trägst die Dornenkrone, du schweigst über dein Kreuz und deine Wunden, und du rufst nur vor Durst: *Mich dürstet.* Wonach dürstet dich? Sicher einzig nach der Erlösung des Menschen und nach der Freude über sein Heil.« Deshalb lehrt uns dieses fünfte Wort, unser Heil zu ersehnen und das ewige Leben zu erstreben. ... [LXIII,43]

MIT DEM SECHSTEN WORT ERKLÄRT ER ALLES ALS VOLLBRACHT. – Das sechste Wort erging, als er sagte: *Es ist vollbracht!* (Joh 19,30), das heißt, alles ist erfüllt, was zu tun war, bis hin zum Essigtrunk. Was immer Gesetz und Propheten über mich geweissagt hatten und was über mich geschrieben worden war, auch das Werk der Erlösung des Menschen und mein ganzes Werk, das ich in der Welt verrichten sollte, all das *ist vollbracht* und vollendet. Und auch alle Qual und aller Kampf ist vollendet und erfüllt, alle Drangsal und aller Schmerz, den zu tragen ich gekommen war, ist zuende; die Zeit ist erfüllt, die ich zur Ehre Gottes des Vaters und im Dienst der Gläubigen bei den Menschen verbringen sollte; den Gehorsam, den mir der Vater aufgetragen hat, habe ich restlos erfüllt, und was immer vor meinem Sterben geschehen mußte, ist vollendet; nichts bleibt, rein nichts, was noch vor meinem Tod geschehen müßte. ... [LXIII,46]

6. ZUR NON: DIE PASSION DES HERRN

Mit dem siebten Wort legt der Herr seine Seele in die Hände seines Vaters. – Als dies geschehen war und bevor er den Geist übergab, schloß er mit seinem letzten Wort, dem siebten, und sprach mit lautem Schreien und unter Tränen: *Vater, in deine Hände,* das heißt in deine Macht, *lege ich meinen Geist* (Lk 23,46). Damit wollte er uns zu verstehen geben, daß die Seelen der Heiligen von nun an in die Hände Gottes emporsteigen; denn vorher wurden alle Seelen in der Unterwelt festgehalten, bis der kam, der den Gefangenen Erlösung verkündete. Dazu erklärt Cyrill: »Dieses Wort lehrt uns, daß die Seelen der Heiligen fortan nicht wie zuvor in der Unterwelt gefangen bleiben, sondern, nachdem Christus ihnen als erster dorthin vorausgegangen ist, bei Gott sind.« Und Athanasius: »Seinetwegen empfahl er dem Vater alle Sterblichen, die in ihm zum Leben erweckt werden, denn wir sind seine Glieder, wie der Apostel sagt: *Ihr alle seid einer in Christus Jesus* (Gal 3,28). Vorher hatte der Herr ausgerufen: *Eli, Eli* usf. (Mt 27,46) und nun rief er: *Vater, in deine Hände...* Manche wie auch Hieronymus sagen, daß es von dem Psalm: *Mein Gott, mein Gott, warum hast du mich verlassen* (Ps 22,2) bis zu diesem Vers: *In deine Hände* (Ps 31,6) zehn Psalmen sind und hundertfünfzig Verse, und daß Christus sie alle gebetet hätte, den ersten und letzten Vers *mit Schreien,* die dazwischen liegenden Verse aber schweigend. Von diesem Schreien Christi scheint der Apostel zu sprechen, wenn er sagt: *Als er auf Erden lebte, hat er mit lautem Schreien und unter Tränen Gebete und Bitten vor den gebracht, der ihn vom Tod erretten konnte, und ist erhört und aus seiner Angst befreit worden* (Hebr

5,7). Daraus schließt man, daß Christus auch bei den Worten: *Eli, Eli…* geweint habe und ebenso bei dem Wort: *Vater, in deine Hände…* Andere aber meinen, Christus habe den ganzen Psalm: *Mein Gott, mein Gott, warum hast du mich verlassen* und darauf den Psalm: *Auf dich, o Herr,…* bis zum Vers: *Vater, in deine Hände…* gesungen. Der Herr empfahl dem Vater seinen Geist nicht, weil er dies nötig hatte, sondern um uns zu unterweisen. Mit diesem siebten Wort der letzten Hingabe hinterließ er uns ein Beispiel vielfacher Belehrung, wie aus den kommenden Erläuterungen zu dieser Stelle hervorgehen wird. [LXIV,2]

Christus gab den Geist auf. – Nachdem er dieses letzte Wort gesprochen hatte, *neigte er das Haupt und gab seinen Geist auf* (Joh 19,30) oder *hauchte* ihn *aus* (Lk 23,46), nicht gezwungenermaßen und gegen seinen Willen, sondern freiwillig und als er wollte, das heißt, er entließ ihn selbst, in eigener Macht aus seinem Leib – kein anderer entriß ihn. Dazu erklärt Augustinus: »Wer schläft so ein, wann er will, wie Jesus starb, als er es wollte? Wer entledigt sich seiner Kleider so, wann er will, wie Jesus sich des Fleisches entledigte, als er es wollte? Wer stirbt so, wann er will, wie er starb, als er es wollte? Wie sehr ist die Macht des Richtenden zu erhoffen oder zu fürchten, wenn sie schon im Sterbenden so groß erschien!« ... [LXIV,3]

Das Zerreissen des Vorhangs im Tempel. – Als dieses Wort ertönte, *riß der Vorhang im Tempel von oben bis unten entzwei* (Mt 27,51), der Vorhang, der draußen beim Eingang hing und den Anblick der heiligen Geräte innerhalb des Tempels verwehrte, nicht jener, der im Innern des Tempels zwischen den heiligen

Geräten und dem Allerheiligsten angebracht war. Dazu sagt Origenes: »Man beachte, daß es zwei Vorhänge gab: einen, der das Allerheiligste verhüllte und einen anderen außerhalb entweder des Vorraums oder des Tempels. Während der Passion unseres Herrn und Erlösers zerriß der äußere Vorhang, von oben bis unten, damit nach dem Zerreißen des Schleiers die Geheimnisse, die bis zum Kommen Christi vernünftigerweise verborgen geblieben waren, vom einen Ende der Welt bis zum anderen offenbar würden. *Wenn aber das Vollendete kommt* (1 Kor 13,10), dann wird auch der zweite Vorhang entfernt, damit wir auch sehen können, was dahinter verborgen ist, nämlich die wahre Arche des Bundes und mit ihr die Cherubim und alles übrige« (vgl. 1 Kön 8,6). ... [LXIV,5]

ALS DER HERR STARB, ERSCHIENEN NOCH ANDERE ZEICHEN. – Nach diesem letzten Wort *bebte die Erde:* als wäre sie nicht stark genug, ihren am Kreuz hängenden Herrn zu tragen und nicht fähig, den Tod Christi zu erdulden den sie als Toten nicht aufzunehmen vermocht hat. ... *Und die Felsen spalteten sich* (Mt 27,51) zum Zeichen für die Bekehrung der Heiden und dafür, daß auch die verhärtetsten Herzen mit dem sterbenden Christus mitleiden müßten. Man sagt aber, daß diese Spalten bis heute sichtbar sind und die Pilger ihre Kreuze dort aufstellen. *Die Gräber öffneten sich,* um anzuzeigen, daß die Riegel des Todes zurückgestoßen worden waren und daß die Auferstehung Christi wie die der mit ihm Auferweckten nahe bevorstand, als Zeichen auch der erhofften künftigen Auferstehung. *Und die Leiber vieler Heiligen, die entschlafen waren, erstanden* von den Toten (Mt 27,52), nicht als sich zur Todesstunde Christi die Gräber öffneten, sondern als er selber auferstand, weil sie mit ihm, gleichsam als Zeugen seiner Auferstehung, nicht vorher, wohl aber mit ihm zusammen auferstehen sollten, um anzuzeigen, daß er selbst auferstanden sei. Deshalb wird hinzugefügt: *Nach* Christi *Auferstehung verließen sie ihre Gräber, kamen in die Heilige Stadt* Jerusalem *und erschienen vielen* (Mt 27,53), um ihnen die Auferstehung des Herrn zu verkünden. ... [LXIV,6]

Die Seite Christi wird geöffnet. – Zwei Soldaten *zerschlugen die Beine* (Joh 19,32) erst des einen, dann des anderen Räubers, und so kamen sie auch zu Jesus, der in der Mitte hing. Als sie aber zu ihm herantraten, *sahen sie, daß er schon tot war:* denn er hatte wohl härtere Qualen als die Räuber erduldet oder war vielleicht früher als die anderen gekreuzigt worden oder er hatte *Macht,* sein *Leben hinzugeben* (Joh 10,18). *Sie zerschlugen ihm die Beine nicht* (Joh 19,33) – dies tat man nur, damit die vom Kreuz Abgenommenen nicht entkommen konnten –, damit sich *das Schriftwort erfüllte*, das im Buch Exodus (12,46) steht: *Man soll an ihm kein Gebein zerbrechen* (Joh 19,36), am Paschalamm nämlich, das auf das wahre Lamm Gottes, auf Christus, vorausdeutet, das, gleich nachdem es getötet worden war, als Speise für die Gläubigen zubereitet wurde. ... Aber um sich des Todes Christi zu vergewissern, *stieß einer der Soldaten,* namens Longinus – der damals noch gottlos und stolz war, sich später aber bekehrte und zum Blutzeugen wurde – *die Lanze* von ferne *in seine* heilige, rechte *Seite* (Joh 19,34) und öffnete in ihr eine tiefe Wunde. *Und ein anderes Schriftwort* beim Propheten Sacharja (12,10) *sagt: Sie werden auf den blikken, den sie durchbohrt haben* (Joh 19,37). Mit dieser Prophetie wird nach den Worten des Augustinus verheißen, daß Christus in dem Fleisch wiederkommen wird, in dem er gekreuzigt wurde. ... [LXIV,12]

Das Wunder und die Bedeutung des aus der Seite Christi fliessenden Blutes und Wassers. – Diese ihm zugefügte Schmach erwies sich als ein Wunder, denn aus dem toten Leib floß auf wunderbare Weise echtes Blut und reines Wasser. Daher heißt es: *Und sogleich floß Blut und Wasser heraus* (Joh 19,34), woraus die Sakramente der Kirche ihre Wirksamkeit empfangen. Dieses Wunder geschah auch zum Zeichen, daß durch das Leiden Christi unsere Makel und Sünden vollkommen weggewaschen werden: die Sünden sicher durch das Blut, welches das Lösegeld für unsere Erlösung ist, wie Petrus sagt: *Ihr wurdet nicht für einen vergänglichen Preis losgekauft, nicht für Silber oder Gold, sondern mit dem kostbaren Blut Christi* (1 Petr 1,18f.); von den Befleckungen aber durch das Wasser, das, wie Ezechiel schreibt, das Bad unserer Wiedergeburt ist: *Ich gieße reines Wasser über euch aus, dann werdet ihr rein von aller Unreinheit* (Ez 36,25). Das *Blut* kann sich auch auf das Lösegeld und auf unsere Erlösung beziehen, denn durch das Blut sind wir von den Strafen losgekauft, das *Wasser* bezieht sich aber auf die Taufe und die Waschung von den Sünden, durch die wir von der Schuld gereinigt werden. Das Blut des Lammes hat die Häuser vor dem Vergeltungschlag des Engels bewahrt, das Wasser des Roten Meeres hat die Feinde vernichtet. Jenes wurde, sage ich, zur Erlösung, dieses zur Waschung des Erlösten vergossen; jenes, um den Gefangenen loszukaufen, dieses, um den Unreinen zu waschen. Doch dieser zweite Sinn läßt sich schon vom ersten her verstehen, denn wo die Sünden vollkommen weggewaschen sind, da folgt auch der Erlaß der Strafen; und wo das Wegwaschen der Befleckungen erfolgt, geht die Reinigung von den Sünden voraus. Dieses Geschehen stimmt auch mit dem Vorausbild überein: Wie aus der Seite des am Kreuz entschlafenen Christus *Blut* und *Wasser* floß, wodurch die Kirche geheiligt wird, so wurde aus der Seite des im Paradies schlafenden Adam die Frau, die Vorgestalt der Kirche, geformt. Dieses Geschehen ist auch wunderbar, weil aus dem Leibe eines Toten, in dem das Blut durch die Todeskälte sofort gerinnt und sich zersetzt, weder Blut noch reines Wasser herausfließt. Jenes *Blut* aber war wirkliches und reines Blut, wie auch das *Wasser* wirklich und rein war, und nicht, wie etliche gesagt haben, eine wässrige oder dickliche Flüssigkeit. Erwäge nun, wie groß die Bosheit der Juden war, die sich mit der Qual und der Schande, die Christus zu seinen Lebzeiten zugefügt wurden, noch immer nicht zufrieden gaben und ihn sogar noch als Toten verfolgten. Und wenn er auch jene Seitenwunde gewiß nicht mehr gespürt hat, weil sein Leib tot war, so wurde er damit dennoch mißhandelt und geschmäht, weil alle Mißhandlungen und Grausamkeiten, die den Leibern der Toten angetan werden, eigentlich den Lebenden zugedacht sind. [LXIV,13]

7. ZUR ZWEITEN VESPER: DIE PASSION DES HERRN

CHRISTUS WIRD … VOM KREUZ ABGENOMMEN. – Als Josef und Nikodemus zum Ort der Kreuzigung kamen, beugten sie die Knie und beteten den Herrn an. Als die Mutter sie erblickte und sah, daß sie den Leichnam vom Kreuz abnehmen wollten, lebte ihr Geist, sich gleichsam vom Tod erhebend, wieder etwas auf. Und als sie sich näherten, wurden sie von der Mutter ehrfurchtsvoll empfangen und trafen die Vorkehrungen zur Abnahme des Leichnams, wobei Maria ihnen Beistand leistete, soviel sie es vermochte. Der eine zog die Nägel aus den Händen, der andere stützte den toten Leib, damit er nicht hinfalle. Maria stand mit erhobenen Armen da; und als sie ihn berühren durfte, zog sie sein Haupt und seine Hände, die kraftlos herabhingen, an ihre traurige Brust, und ihren geliebten Sohn umarmend und küssend, konnte sie von ihm nicht lassen, und niemand wollte sie von dem Leichnam wegziehen. Als der Leichnam des Herrn daher auf den Boden gelegt worden war, barg die Herrin Haupt und Schultern in ihrem Schoß, Magdalena aber seine Füße, an denen sie einst so großer Gnade gewürdigt worden war. Andere standen um sie herum, und alle brachen in lautes Wehklagen über ihn aus; alle beweinten ihn bitterlich, gleichsam als den Einziggeborenen. ... [LXV,3]

8. ZUR ZWEITEN KOMPLET: DIE PASSION DES HERRN

Der Leichnam Christi wird gesalbt und mit Leinenbinden umwickelt. – Voller Schmerz und Trauer wirst du zur Zeit der Komplet erwägen, wie zu dieser späten Stunde Johannes die Herrin fragte, ob sie erlaube, daß der Leichnam unseres Herrn vor dem Sabbat, an dem solches nicht getan werden durfte, zurechtgemacht und begraben werde; da sie sonst von den Juden wegen der allzulangen Verzögerung fälschlich beschuldigt werden könnten. Schließlich wollte die Herrin, dankbar und rücksichtsvoll, im Gedanken, daß ihr Sohn selbst sie Johannes anvertraut hatte, sie nicht länger hinhalten, und indem sie den Leichnam berührte und segnete, erlaubte sie, ihn zurechtzumachen. Sie salbten also den Leichnam *und hüllten ihn in ein reines Leinentuch* (vgl. Lk 23,53), das Josef gekauft hatte, *und umwickelten ihn mit Leinenbinden* und allem Üblichen: mit dem Schweißtuch für das Haupt und mit den Binden oder Bändern, womit der ganze Leichnam umwickelt wurde; sie waren alle aus Leinen und wohl, wie man annimmt, von Nikodemus mitgebracht worden, *zusammen mit den wohlriechenden Salben, wie es beim jüdischen Begräbnis* für verehrungswürdige Personen eine von den Vätern und Vorfahren übernommene *Sitte ist* (Joh 19,40). ... [LXVI,1]

DAS GRAB UND DIE BEISETZUNG DES HERRN. – *An dem Ort, wo man ihn gekreuzigt hatte, war ein Garten, und in dem Garten war ein neues Grab.* Es war für Josef selbst auf kostspielige Weise angelegt und in den Felsen, das heißt in einen nach Menschenmaß ausgehöhlten Stein gehauen worden, *in dem noch niemand bestattet worden war. Wegen des Rüsttages der Juden und weil das Grab in der Nähe lag, setzten sie Jesus dort bei* (Joh 19,41f.). Sie bestatteten ihn voller Ehrfurcht und Andacht, kniend, unter lautem Schluchzen und Seufzen. So übergaben sie den Herrn des Lebens der Grabstätte des Todes. Sie bestatteten ihn an dem nahe gelegenen Ort, weil sie ihn wegen der bevorstehenden Feierlichkeiten des Sabbats nicht weit tragen konnten. Chrysostomus sagt dazu: »Weil sie aber durch die Zeit gedrängt waren und der Abend sich neigte, legten sie ihn in das nächste Grab.« Und Augustinus erklärt: »Man soll verstehen, daß die Bestattung beschleunigt wurde, damit es nicht Abend werde, denn *wegen des Rüsttages* war solches nicht erlaubt.« Dann sangen, so fährt Augustinus fort, Tausende von Engeln am Grab ihres Herrn versammelt die Totenmesse. Sie sangen Lobgesänge, Maria aber seufzte und stöhnte in ihrem Herzen. ... [LXVI,2]

Die Wächter werden aufgestellt. ... [Die Hohenpriester und Pharisäer sagten zu Pilatus:] *Gib den Befehl, daß das Grab bewacht werde. Sonst könnten seine Jünger kommen, ihn stehlen und dem Volk sagen: Er ist von den Toten auferstanden.* Die Törichten verlangen eine Bewachung, als ob der, der überall ist und alles in sich enthält, im Grab festgehalten werden könnte. Dazu bemerkt Ambrosius: »Welche Bosheit der Hohenpriester, nicht nur den Meister, sondern auch seine Jünger zu verleumden! *Dann wird diese neue Täuschung noch schlimmer als die erste sein* (Mt 27,64).« Und Hrabanus: »Damit sagen sie, ohne es zu wissen, die Wahrheit; denn bei den Juden war die Geringschätzung der Reue schlimmer als der Irrtum aus Unwissenheit. Schlimmer war, daß sie nicht an die Auferstehung glaubten als ihre Grausamkeit während der Passion. Damit bekennen sie klar, daß die Tötung des Herrn ein Irrtum gewesen ist.« ... *Pilatus,* der Angelegenheit schon leicht überdrüssig, *antwortete ihnen: Ihr sollt eine Wache haben*, das heißt, ich gebe euch die Erlaubnis, Wächter aufzustellen und gestatte, daß ihr euch Soldaten nehmt, um ihn nach eurem Willen zu bewachen; *geht und sichert das Grab, so gut ihr könnt* (Mt 27,65). Als sagte er: Wenn er auferstehen soll, wird eure Wache nichts nützen. Wie gottlos und töricht war doch Pilatus, der, wie er erlaubt hatte, Christus zu töten, dann auch erlaubte, ihn zu bewachen; er hat ihn zum Tode verurteilt und gibt ihnen nun auch noch die Wächter. Jene gingen hin, und als sie zum Grab kamen, besichtigten sie zuerst den Leichnam und freuten sich, daß es ihnen gelungen war, ihn, den Urheber des Lebens, in dem unterirdischen Verlies festzuhalten. Sie sicherten das Grab und stellten bewaffnete Soldaten als Wächter davor. ... [LXVI,16]

9. WIE JESUS SEINER MUTTER ERSCHIEN

DER HERR ERSCHIEN ZUERST SEINER MUTTER MARIA. – Während die Herrin ... betete und leise weinte, siehe, da kam plötzlich Jesus in dem schneeweißen Gewand seiner neuen Herrlichkeit und Auferstehung: mit verklärtem Antlitz, glorreich und voller Freude; ganz festlich erschien er der verlassenen und trauernden Mutter. Diese erhob sich anbetend, und unter Tränen umarmte sie ihn voll Freude: die ganze Bitterkeit der Trauer wurde in Freude verwandelt. Als sie nachher beieinander saßen, betrachtete sie ihn auf sein Aussehen und seine Narben hin und suchte sorgfältig zu erfahren, ob seine Qual vorüber und aller Schmerz von ihm gewichen sei. O was für eine große Freude erfüllte die Mutter, als sie den Sohn betrachtete, der nicht mehr dem Leiden unterworfen war und nicht nur in Ewigkeit leben, sondern über Himmel, Erde und jedes Geschöpf nach immerwährendem Recht herrschen sollte! Sie waren beisammen im Gespräch, freuten sich aneinander und verbrachten das Osterfest voller Ergötzen und Liebe. Jesus erzählte ihr, wie er sein Volk aus der Hölle befreit und was er in jenen drei Tagen getan hatte. Betrachte nun das große Osterfest. Daß Christus, wie man annimmt, zunächst und vor allen anderen der glorreichen Jungfrau erschien, darüber steht nichts im Evangelium, ich habe diese Erscheinung aber dennoch angeführt und vor allen anderen erwähnt, weil sie dem frommen Glauben entspricht, wie er in einer bestimmten Erzählung von der Auferstehung des Herrn ausführlicher dargelegt wird. Denn es ziemte sich, daß der Herr die Mutter vor den anderen aufsuchte und früher mit seiner Auferstehung erfreute, sie, die ihn mehr als alle anderen liebte und inniger nach seiner Liebe verlangte, die unter seinem Tode mehr gelitten und unter größerem Schmerz seine Auferstehung erwartet hat. Und auch wenn die Evangelisten das übergehen, ist es doch gut, es zu glauben. Das scheint die Römische Kirche zu bestätigen, da sie regelmäßig an diesem Tag nach Maria Maggiore in Rom eine Wallfahrt unternimmt und damit andeutet, daß die Erscheinung des Auferstandenen der seligen Maria als erster zuteil wurde. [LXX,6]

10. WIE MARIA MAGDALENA UND DIE ANDEREN MARIEN ... ZUM GRAB KAMEN

DIE GEDANKEN DER FRAUEN AUF DEM WEG ZUM GRAB. – Als die Frauen ... unterwegs zum Grab die Schwäche ihres Geschlechts bedachten und sich an die Größe des Steins erinnerten, der bekanntlich so groß war, daß er kaum von zwanzig Männern bewegt werden konnte, *sagten sie zueinander* und fragten sich gegenseitig: *Wer wird uns den Stein vom Eingang des Grabes wegwälzen* (Mk 16,3), so daß wir hineingehen können? Als sagten sie: Aus eigener Kraft können wir ihn nicht wegwälzen. *Denn er war sehr groß.* Aber selbst als sie so redeten, ließen sie von ihrem Vorhaben nicht ab, im Glauben, daß dem Herrn möglich sei, was menschlicher Schwäche unmöglich schien. *Doch als sie hinblickten, sahen sie, daß der Stein schon* von einem Engel *weggewälzt worden war* (Mk 16,4), der im Gehorsam an seinen Herrn gekommen war, um die schon erfolgte

Auferstehung Christi kundzutun; und diesen Engel des Herrn erblickten sie, außerhalb des Grabes auf dem Stein sitzend. – Das Grab kann auch die Schrift bezeichnen, in dem der Herr einst unter vielen Gestalten verborgen lag; doch nach der Auferstehung öffnete der Bote des Göttlichen Ratschlusses die Schwierigkeit der Schrift. Nach Bedas Ansicht bedeutet daher das Wegwälzen des Steins, dem mystischen Schriftsinn entsprechend, das Eröffnen der Geheimnisse Christi, die durch den Schleier des buchstäblichen Sinns verhüllt wurden; denn das Gesetz war auf Stein geschrieben und wird daher durch den Stein bezeichnet. Und nochmals nach Beda saß der Engel auf dem Stein, durch den der Eingang zum Grab verschlossen gewesen war, um anzuzeigen, daß der Herr selbst durch seine Macht die Riegel der Hölle entfernt hat. Nach dem moralischen Schriftsinn verweist dieser Stein auf die Last der Buße, auf die jene blikken, die sich zu Gott zu bekehren beginnen; sie befürchten, die begonnene Buße nicht zuende führen zu können. Deshalb sprechen sie seufzend: *Wer wird uns den Stein vom Eingang des Grabes wegwälzen,* das heißt von dem Herzen, in dem Christus begraben sein will. Aber sie brauchen nicht zu verzweifeln und zurückzuweichen, sondern sollen unentwegt mit diesen Frauen vorangehen. Denn ein Engel wird vom Himmel herabsteigen, das heißt, die Gnade des Heiligen Geistes, die den Stein wegheben wird, weil sie alle Last der Buße weggehoben hat. Der Herr selbst sagt: *Mein Joch drückt nicht, und meine Last ist leicht* (Mt 11,30), dank der helfenden Gnade Gottes. [LXXI,4]

Die Erscheinung der Engel. – *Die Frauen traten* von Osten, also von innerhalb des verschlossenen und runden kleinen Baues her, der das Grab umgab, *in das Grab hinein und sahen auf der rechten Seite* von Jesu Grab einen anderen Engel *sitzen, der mit einem weißen Gewand bekleidet war, und sie erschraken sehr* (Mk 16,5) vor lauter Freude und Verwunderung über eine solche Erscheinung. ... [LXXI,5]

Die Worte des Engels. – *Der Engel aber sprach* zu den verwirrten und erschrockenen Frauen: *Fürchtet euch nicht!* ... Und er fügte hinzu: *Ich weiß, ihr sucht Jesus,* den Erlöser, *den Gekreuzigten* (Mt 28,5), in diesem Grab wie einen Toten. *Den Gekreuzigten* wird hinzugefügt, um ihn von allen anderen zu unterscheiden, die auch den Namen Jesus tragen, wie auch zur Erinnerung an die Heilstat der Passion, wie der Apostel sagt: *Denkt an den, der von den Sündern solchen Widerstand gegen sich erduldet hat* (Hebr 12,3). Und zum Lob der Frauen, die Jesus ebenfalls als den Gekreuzigten suchten, kann hinzugefügt werden, daß zwar viele Jesus suchen, das heißt den Erlöser, nicht aber den Gekreuzigten, nicht das Kreuz, während dieser doch nur im Kreuz gefunden wird. Dazu erklärt Chrysostomus: »Viele suchen ihn gern als den in Purpur Gekleideten, nur wenige aber suchen ihn als den Gekreuzigten oder Gegeißelten; doch bevor er als der in Purpur Gekleidete gefunden wird, muß er als der Gegeißelte gesucht werden.« Markus fügt noch hinzu: *Jesus, den Nazarener* (Mk 16,6) und erwähnt so Namen, Vaterstadt und Stand. Darauf sprach der Engel: *Er ist nicht hier,* das heißt, nicht in fleischlicher und leiblicher Gegenwart, der aber überall gegenwärtig ist in seiner Gottheit und Hoheit. *Denn er ist auferstanden* in seiner

Menschheit, die in der Gottheit keinen Tod erlitt. Der Engel fügte noch hinzu: *Wie er gesagt hat* (Mt 28,6), um die Worte Christi, die er vor seinem Leiden gesprochen hatte, ins Gedächtnis zu rufen und die Frauen im Glauben an seine schon erfolgte Auferstehung noch zu bestärken; denn es ist unmöglich, daß nicht geschieht, was er selbst gesagt hat. Als sagte der Engel: Wenn ihr schon mir nicht glaubt, so erinnert euch wenigstens seiner Worte. ... [LXXI,8]

11. WIE DER HERR MARIA MAGDALENA ERSCHIEN

WIE CHRISTUS MAGDALENA ERSCHIEN. – Als nun Maria so weinte und nicht auf die Engel achtete, konnte sich der, den sie liebte, ihr Meister, nicht länger zurückhalten. Jesus, der Herr, berichtete dies seiner Mutter und sagte, er wolle sie trösten gehen. Er nahm Abschied von der Mutter und kam sogleich in den Garten zu Magdalena. Sie stand da und weinte. Jesus, der Tröster der Trauernden, trat hinzu und sah, wie die Frau um ihn weinte und als sie sich von den Engeln abwandte und zurückblickte, würdigte er sie seiner Erscheinung. Damit wird gezeigt, daß jemand, der Christus zu sehen verlangt, sich Gott zuwenden muß; denn jene, die sich Gott in Liebe voll und ganz zuwenden, bekommen ihn zu sehen. Dazu bemerkt Chrysostomus: »Warum wartete Magdalena die Antwort der Engel nicht ab, sondern *wandte sich um,* obgleich diesen Männern offensichtlich große Ehrfurcht gebührte? Weil, als Maria jene Frage stellte, Christus kam, dem die Engel, sich erhebend, Ehre erwiesen; deshalb *wandte sich* Magdalena erstaunt *um* (Joh 20,14), um zu sehen, vor wem die Engel sich erhoben.« ... [LXXII,3]

12. WIE DER HERR PETRUS, JOSEF VON ARIMATHÄA UND JAKOBUS DEM JÜNGEREN ERSCHIEN

WARUM ERSCHIEN CHRISTUS DEM PETRUS ALLEIN? – Als Magdalena und ihre Gefährtinnen nach Hause zurückgekehrt waren und den Jüngern erzählt hatten, der Herr sei auferstanden, war Petrus voller Trauer, daß er seinen Herrn nicht gesehen hatte, und konnte in der heftigen Liebe, die er für ihn empfand, nicht ruhig bleiben; er trennte sich sogleich von den anderen, um den Herrn zu suchen, und ging allein zum Grab, denn er wußte nicht, wo er ihn sonst suchen sollte. Unterwegs *erschien ihm* der Herr (vgl. Lk 24,34; 1 Kor 15,5), auch wenn der Evangelist nicht angegeben hat, wo oder wann. Als Petrus den Herrn sah, fiel er zu Boden und bat um Vergebung, daß er ihn verlassen und mehrfach verleugnet hatte. Der Herr vergab ihm die Sünden, stärkte ihn tröstend und trug ihm auf, er solle auch seine Brüder stärken. Sie standen beisammen und sprachen voll Freude miteinander; auch hier ereignete sich ein großes Osterfest. Er erschien also dem Petrus allein, der ihn als einziger verleugnet hatte. Von allen Männern, die von den Evangelisten und Aposteln erwähnt werden, wollte der Herr aus mehreren Gründen zuerst dem Petrus erscheinen: Erstens, weil jener, der als erster bekannt hatte, daß er der Christus sei, auch als erster verdiente, seine Auferstehung zu schauen. Zweitens, damit Petrus seinen Geist, der sich während der Passion wankelmütig gezeigt hatte, erneuere und, nachdem er aus Furcht vor der Passion des Herrn am augenfälligsten gefallen war, sich in der Hoffnung auf die Auferstehung als erster wieder aufrichte. Drittens, um ihm für die Sünde der dreimaligen Verleugnung Vergebung zu gewähren und ihn zu trösten, damit er nicht verzweifle. Viertens, damit der Herr den Rang des Petrus als Apostel festige und ihn darin bestärke. Fünftens, damit er ihm durch dieses Ereignis zeige, wie er sich zu den ihm unterstellten Büßern, soviel sie auch immer gesündigt hätten, herabneigen solle. Sechstens, damit er in allen Sündern Hoffnung auf Erbarmen und Gnade erwecke und ihnen zeige, daß der Herr die Sünder nicht verachtet. Siebtens kann man mit Chrysostomus hinzufügen: »Er offenbarte sich nämlich nicht allen gleichzeitig, um so den Samen des Glaubens auszustreuen. Denn wer zuerst gesehen hatte und überzeugt war, berichtete es den anderen; die Kunde bereitete dann das Herz des Hörers für die Erscheinung des Auferstandenen vor. Deshalb erschien er dem Würdigeren und Gläubigeren unter allen anderen zuerst. Es brauchte nämlich ein tief gläubiges Herz, das, für diesen Anblick schon vorbereitet, durch die unvermutete Erscheinung möglichst wenig in Verwirrung gerate. Nach Petrus erschien er aber auch anderen; einmal nur wenigen, einmal mehreren.« Nachdem Petrus den Segen des Herrn empfangen hatte, kehrte er zur Herrin und den Jüngern zurück, erzählte ihnen alles und blieb danach in allem Gott unerschütterlich treu. Petrus wird mit *gehorsam* gedeutet, und ist das Vorbild für den Gehorsam aller, denen der Herr öfter zu erscheinen pflegte. [LXXV,1]

Wie der Herr Josef von Arimathäa erschien. – Nachdem Jesus Petrus verlassen hatte, erschien er Josef von Arimathäa, der ihn in sein eigenes Grab gelegt hatte. Denn, wie im Evangelium der Nazoräer steht, als die Juden erfahren hatten, daß Josef den Leichnam Jesu von Pilatus erbeten und ihn ehrenvoll in seinem

Grab bestattet hatte, ergriffen sie ihn am selben Abend voller Wut und sperrten ihn in irgendeine Kammer, die sorgfältig verschlossen und versiegelt war, banden ihn in diesem Kerker an eine Säule und wollten ihn nach dem Sabbat töten. Und siehe, noch am Tag der Auferstehung, nachdem das Haus von vier Engeln emporgehoben worden war, trat der Herr zu ihm ein und erfreute ihn mit seiner Erscheinung; er tröstete ihn, trocknete sein Angesicht und küßte ihn. Dann führte er ihn heraus und befreite ihn, ohne die Siegel zu zerstören, und brachte ihn in sein Haus in Arimathäa. Beachte, wie der Herr die Seinen weder vergißt noch jemals verläßt, sondern sie tröstet und ihnen zu der Zeit, die ihm gefällt, zuhilfe kommt, denn er ist *zur rechten Zeit ein Helfer in der Drangsal* (Ps 9,10). ... [LXXV,2]

EBENSO ERSCHEINT ER JAKOBUS DEM JÜNGEREN. – Am selben Tag erschien der Herr auch Jakobus dem Jüngeren, wie im Brief an die Korinther erwähnt wird (vgl. 1 Kor 15,7); er hatte während des Abendmahls gelobt und geschworen, er werde von der Stunde an, da er den Kelch des Herrn getrunken hatte, kein Brot mehr essen, bis er den Herrn von den Toten auferstehen sehe. Weil Jakobus nämlich bis zum Tag der Auferstehung keine Speise zu sich genommen hatte, erschien ihm der Herr und sagte zu ihm und zu jenen, die bei ihm waren: Setzt Speise und Brot vor. Dann nahm er das Brot, segnete und brach es; danach gab er es Jakobus und sagte zu ihm: Mein Bruder, iß dein Brot, weil der Menschensohn von den Toten auferstanden ist. Das berichtet Josephus und ebenso Hieronymus in seinem Buch *De viris illustribus*. Sieh, wie hier jener, der nicht nur irdisches, sondern auch das überirdische Brot, Jesus nämlich, zu essen verlangte, mit beidem getröstet und erquickt zu werden verdiente. Denn der Herr läßt nicht zu, daß jene, die nach ihm oder um seinetwillen hungern, durch Fasten ermatten, sondern gibt denen, die auf ihn hoffen, Speise zur rechten Zeit und sättigt sie mit seinem Segen. ... [LXXV,3]

13. WIE DER HERR UNTERWEGS ZWEI JÜNGERN ERSCHIEN

DIE WANDERUNG DER ZWEI JÜNGER NACH EMMAUS. – Am Tag der Auferstehung des Herrn *waren zwei von seinen* zweiundsiebzig *Jüngern,* von Jerusalem herkommend, *auf dem Weg in ein Dorf namens Emmaus, das sechzig Stadien von Jerusalem entfernt* (Lk 24,13), also siebeneinhalb römische Meilen gegen Westen liegt. ... Und während sie gleichsam verzweifelt, traurig und in tiefstem Schmerz über Jesus und *über all das, was sich ereignet hatte,* über sein Leben mit ihnen und seinen Tod, *miteinander sprachen,* weil sie wußten, daß er schuldlos und unschuldig getötet worden war, da kam der Herr, schloß sich ihnen leiblich und geistig an *und ging mit ihnen* (Lk 24,14f.) wie ein Weggefährte, der Fragen stellte und beantwortete und mit ihnen aufrichtende Gespräche führte. Dies tat er, sagt Beda, um in ihnen den Glauben an seine Auferstehung zu wecken und damit sich erfülle, was er ihnen als künftiges Ereignis verheißen hatte, nämlich: *Wo zwei oder drei in meinem Namen versammelt sind, da bin ich mitten unter ihnen* (Mt 18,20). An der Stelle, wo er sich ihnen anschloß, wurde später eine Kapelle gebaut. Weil die Jünger im Herzen den Herrn liebten, an seiner Auferstehung aber zweifelten, erschien ihnen der Herr sichtbar in leiblicher Gestalt; wer er aber war, das wußten sie nicht. Was äußerlich vor ihren leiblichen Augen geschah, das geschah auch innerlich vor den Augen ihres Herzens. Da sie ihn nämlich liebten, sahen sie ihn; weil sie aber zweifelten, erkannten sie den, den sie sahen, nicht. Das aber ist mit den Worten gemeint: *Doch sie waren wie mit Blindheit geschlagen, so daß sie ihn nicht erkannten* (Lk 24,16), denn ihr Unglaube und ihre Zweifel verdienten, daß Christus ihnen das Wiedererkennen seiner Gestalt einstweilen vorenthielt. Ihre Augen waren durch die Wahrheit, nicht durch den Irrtum gehalten; vermochten aber die Wahrheit weder auf- noch wahrzunehmen, daran wurden sie nicht von Jesus, sondern durch den eigenen Zweifel gehindert. Dazu bemerkt Augustinus: »Was Markus sagt, nämlich daß der Herr ihnen *in einer anderen Gestalt* (Mk 16,12) erschien, das sagt Lukas mit den Worten, daß *sie wie mit Blindheit geschlagen waren, so daß sie ihn nicht erkannten* (Lk 24,16); denn ihren Augen widerfuhr etwas, das bis zum Brotbrechen so bleiben sollte. Nicht weil der Herr seinen Leib nicht wieder in die ihnen gewohnte Gestalt hatte verwandeln können, was aber nicht geschehen ist.« [LXXVI,1]

Der Herr schloss sich ihnen an und sprach mit ihnen. – ... Der Herr aber sagte zu ihnen und wies sie um ihrer Antwort willen zurecht (vgl. Lk 24,19ff.): *O ihr* – in eurer geistigen Blindheit – *Unverständigen,* die ihr – in der Trägheit eurer Liebe – *trägen Herzens seid, alles zu glauben, was die Propheten* über Christi Tod und Auferstehung *gesagt haben* (Lk 24,25). *Mußte der Messias nicht all das erleiden:* einmal nach der Vorherbestimmung des Vaters, dann um der Erhöhung Christi willen, wie auch zur Erlösung des Menschengeschlechts und zur Erfüllung der Schrift, *um so,* durch Leiden und Tod, *in seine Herrlichkeit zu gelangen,* zu der man nur auf dem Weg des Leidens gelangt? *Und er legte ihnen dar* und erklärte, *was in der gesamten Schrift über ihn geschrieben steht* (Lk 24,26f.), indem er dabei gewisse Zeugnisse anführte und Geheimnisse enthüllte, soweit dies zum Beweis des Angeführten nötig war. Er wies sie auf alles hin, was über ihn geweissagt worden war, noch bevor es geschah. Die Gewißheit des Glaubens beruht nämlich darauf, daß alles, was in Christus sich ereignet hat, geweissagt wurde. [LXXVI,2]

Die Jünger drängen Christus, der tut, als wolle er weitergehen. – *So erreichten sie das Dorf, zu dem sie unterwegs waren.* Alsdann *tat* der Herr so, *als wolle er weitergehen,* um so ihr Verlangen noch lebendiger werden zu lassen und von ihnen eingeladen und zurückgehalten zu werden. Dazu sagt Bernhard: »Er stellte sich so, *als wolle er weitergehen,* nicht weil er es tatsächlich wollte, sondern weil er hören wollte: *Bleib doch bei uns, Herr, denn es wird bald Abend* (Lk 24,28f.).« ... [LXXVI,5]

Der Herr wird erkannt, als er das Brot bricht. – Schließlich *ging er mit hinein. Und als er mit ihnen bei Tisch war, nahm er Brot, sprach den Lobpreis, brach das Brot und gab es ihnen* (Lk 24,29f.). Betrachte aufmerksam, wie bereitwillig er auf ihre Einladung und ihr Drängen hin mit ihnen eintrat: Sie richteten den Tisch und boten Speisen an; er selbst nahm die Brote, und während er den Lobpreis sprach, brach er sie mit seinen heiligen Händen und gab sie genau so, wie er es vor seinem Leiden getan hatte, als er noch mit ihnen verkehrte und unter ihnen weilte. Deshalb offenbarte er sich ihnen, weil ihnen dabei *die Augen aufgingen,* ihre inneren Augen nämlich, *und sie ihn* am Brotbrechen *erkannten* (Lk 24,31), an seiner Art, das Brot mit der Hand zu brechen, das sonst mit dem Messer geschnitten wird. ... Was der Herr täglich an den Jüngern wirkte, so wirkt er unsichtbar auch heute an uns und in unserer Seele, denn er will durch Bitten, Gebete und heilige Betrachtungen angehalten und eingeladen werden – deshalb *betet ohne Unterlaß* (1 Thess 5,17)! Dies tut er zu unserer Belehrung, damit wir uns in Werken der Liebe, der Frömmigkeit und Gastfreundschaft üben, denn es genügt nicht, göttliche Worte zu lesen oder anzuhören, wenn sie nicht durch das Tun ergänzt werden; denn der Herr wurde nicht an seiner Rede erkannt, sondern wollte beim Mahle erkannt werden. Liebevoll und barmherzig kommt der Herr auch dem Glauben jener zu Hilfe, die er barmherzig findet; ihnen läßt er Barmherzigkeit widerfahren. Hier können wir erkennen, daß *der Glaube ohne Werke tot ist* (Jak 2,26), weil die Jünger den Herrn, den sie weder an seinem Äußeren noch an der Deutung und Darlegung der Schrift erkannt hatten, *erkannten, als er das Brot brach,* sobald also im Tun vollzogen wurde, was die Schrift lehrt. Beim Anhören der Schrift und der Gebote Gottes wurden sie nicht erleuchtet; bei ihrer Verwirklichung aber, als sie Gastfreundschaft an ihm übten und ihm Speise auftrugen, da wurden sie erleuchtet, weil *nicht die vor Gott gerecht sind, die das Gesetz hören, sondern die es tun* (Röm 2,13). ... [LXXVI,6]

CHRISTUS ENTSCHWINDET VOR DEN AUGEN DER JÜNGER. – Aber der Herr schenkte den Jüngern seine Anwesenheit nicht für lange, sondern nachdem er ihnen das Brot gereicht hatte, *entschwand er* sogleich *ihren Blicken* (Lk 24,31), damit sie sich darin nicht täuschten. Gleichzeitig zeigte er ihnen, daß er einen verklärten Leib habe, der wegen seiner Leichtigkeit plötzlich entschwinden kann: die Erscheinung der Gebrechlichkeit wurde ihren leiblichen Augen entzogen, damit die Herrlichkeit der Auferstehung in ihrer Seele aufzuleuchten beginne. ... [LXXVI,8]

14. WIE DER HERR DEN APOSTELN MIT AUSNAHME DES THOMAS ERSCHIEN

DIE EILE UND DER EIFER DER EMMAUSJÜNGER. – *Noch in derselben Stunde brachen* die genannten Jünger *auf und kehrten* am selben Tag *nach Jerusalem* zu den anderen Jüngern *zurück* (Lk 24,33), die sich aus Furcht vor den Juden eingeschlossen hatten. Dazu sagt Theophilus: »Ihr Herz brannte nämlich vom Feuer der Worte des Herrn, die sie bedachten, und sie freuten sich so sehr, daß sie ohne Verzögerung sogleich nach Jerusalem zurückkehrten. Beachte hier den Glaubenseifer und das unwiderstehliche Verlangen der Jünger, die Auferstehung zu verkünden, da sie weder die späte Abendstunde noch das Essen noch die Ermüdung der Reise davon zurückhielten. Befreit von Furcht vor den Juden eilten sie ohne Säumen zu den Aposteln, um die Auferstehung des Herrn zu verkünden und was sie auf ihrem Weg darüber erfahren hatten. ... Und zum größeren Beweis der Auferstehung *erzählten* die beiden, *was sie unterwegs erlebt hatten,* wie ihnen der Herr erschienen war, *und wie sie ihn erkannt hatten, als er das Brot brach* (Lk 24,35). [LXXVII,1]

Bei geschlossenen Türen erschien der Herr den Aposteln. – Aber etliche von ihnen glaubten weder diesen beiden noch den anderen; einer von diesen war Thomas. Betrachte nur, wie groß die Freude gewesen sein muß, als sie einander von ihrem Glück erzählten (vgl. auch Lk 24,34). Und während sie miteinander sprachen, verschwand Thomas aus ihrer Mitte. Er war hinausgegangen, während die anderen noch miteinander über das Gehörte und Gesehene redeten. *Am Abend dieses* besagten *ersten Tages der Woche,* dem ersten nach dem Sabbat, welcher der Sonntag und Auferstehungstag des Herrn ist, *waren die Ausgänge,* das heißt die Türen, die Ausgänge genannt werden, weil sie aus dem Haus hinausführen, *aus Furcht vor den Juden verschlossen;* was ebenfalls um der göttlichen Offenbarung willen so war, damit Jesus, bei verschlossenen Türen zu den Jüngern eintretend, ihnen die Kraft seiner Macht und seines verklärten Leibes offenbare. Der Herr kam, von ihrer Sehnsucht gerufen, zu seinen Jüngern, angetan mit dem schneeweißen Gewand seiner glorreichen Auferstehung und Neuheit. Bei geschlossenen Türen *trat er in ihre Mitte* (Joh 20,19), um von allen gesehen zu werden, da sie in seinem Namen versammelt waren. Nach Beda erschien er ihnen am Abend, weil sie sich da am meisten fürchteten, und nach Theophilus wartete er, bis sich alle versammelt hatten, die Türen aber geschlossen waren; denn er wollte zeigen, daß er einen verklärten Leib habe, dem nichts widerstehen kann. ... [LXXVII,2]

Warum sagte der Herr zu den Jüngern: Friede sei mit euch? – *Und er sagte zu ihnen: Friede sei mit euch!* (Joh 20,19), kein rein zeitlicher Friede, weil sie vielen Drangsalen ausgesetzt werden sollten, sondern ein zugleich zeitlicher und ewiger Friede, der eine für die Gegenwart, der andere zuletzt genannte für die Zukunft. Von beiden heißt es bei Johannes: Den *Frieden* des Herzens *hinterlasse ich euch* für die Gegenwart; *meinen Frieden,* den ewigen Frieden, der im besonderen mein Friede ist, *gebe ich euch* (Joh 14,27), das heißt, werde ich euch bald geben. Deshalb *sagte er: Friede sei mit euch* (Joh 20,19), der Friede der Versöhnung. Den mit Gott geschlossenen Frieden verkündete er, den Frieden der Liebe und der Einheit, den er ihnen zu bewahren befahl, und zugleich den Frieden der Ewigkeit und Unsterblichkeit, den er ihnen für die Zukunft versprach. Er, der um des Friedens willen gekommen war, bot Frieden an; deshalb sagt der Bischof, der besondere Bräutigam der Kirche, in der Rolle Christi und als sein besonderer Stellvertreter: *Friede sei mit euch*, wenn er sich in der Heiligen Messe zum ersten Mal an das Volk wendet, denn dieses Wort war das erste Wort Christi an seine Jünger nach der Auferstehung. ... [LXXVII,4]

... Der Empfang des Heiligen Geistes. – ... *Nachdem er das gesagt hatte, hauchte er sie an und sprach zu ihnen: Empfanget den Heiligen Geist* (Joh 20,22). Hauchend verlieh er den Geist, damit offenbar werde, daß er selbst es war, der dem Angesicht des ersten Menschen den Atem eingehaucht hatte; oder um zu zeigen, daß der Heilige Geist von ihm ausgehe, wie er vom Vater ausgeht, daß es also nicht der Geist des Vaters allein sei, sondern auch der seinige. Der Hauch geht nämlich vom Anhauchenden aus. Was aber nicht so zu verstehen ist, daß ein solcher Hauch Christi der Heilige Geist selbst gewesen sei, wohl aber sein Zeichen. Dazu bemerkt Augustinus: »Jener leibliche Hauch war nicht die Substanz des Heiligen Geistes, sondern Kundgabe der entsprechenden Bedeutung, daß der Heilige Geist nicht nur vom Vater, sondern auch vom Sohn ausgeht.« Von daher kam es zum kirchlichen Brauch, daß die Priester das Gesicht derer anhauchen, die dank der Gnade des Heiligen Geistes in der Taufe wiedergeboren werden sollen. [LXXVII,13]

DEN APOSTELN WIRD DIE MACHT VERLIEHEN, SÜNDEN ZU VERGEBEN. – Und weil durch den Heiligen Geist die Vergebung der Sünden als eine Frucht und Wirkung des Heiligen Geistes gewährt wird, heißt es, nachdem den Jüngern derselbe Geist verliehen worden war, mit Fug und Recht: *Wem ihr die Sünden vergebt, dem sind sie vergeben; wem ihr die Vergebung verweigert, dem ist sie verweigert* (Joh 20,23). Damit gab er ihnen die Macht, kraft ihres Amtes, nicht aufgrund eigenen Befindens, zu binden und zu lösen, also Sünden zu vergeben oder zu behalten. Das ist zu bedenken, wenn das Urteil der Kirche dem göttlichen Urteil nachgebildet wird. Dazu erklärt Augustinus: »Damit der Herr augenfälliger zeige, daß die Sünden durch den seinen Gläubigen verliehenen Heiligen Geist – nicht also durch menschliche Verdienste – vergeben werden, fuhr er fort: Wem ihr die Sünden vergebt, dem sind sie vergeben, das heißt, der Geist vergibt, nicht ihr; der Geist aber ist Gott, Gott also vergibt, nicht ihr. Gott, der in seinem heiligen Tempel, das heißt in seinen heiligen Getreuen wohnt, vergibt in seiner Kirche durch sie Sünden, weil sie lebendige Tempel Gottes sind.« ... [LXXVII,14]

15. WIE DER HERR DEN JÜNGERN, DIE SICH EINGESCHLOSSEN HATTEN, IN ANWESENHEIT DES THOMAS ERSCHIEN

DAS GESCHENK DES NEUEN FRIEDENS BEI DER NÄCHSTEN ERSCHEINUNG DES HERRN. – Acht Tage nach der Auferstehung erschien Jesus wiederum seinen Jüngern; denn weil Thomas nicht aus Bosheit, sondern aus Unwissenheit gezweifelt hatte, wollte der treue Meister den sosehr geliebten Jünger nicht im Unglauben zurücklassen, sondern ließ sich herab, nochmals zu erscheinen, um ihn zum Glauben zu bekehren. Deshalb, *acht Tage darauf,* wie auf dem Berg Sion geweissagt, *waren seine Jünger wieder versammelt, und Thomas war mit ihnen.* Der gute, um seine kleine Herde besorgte Hirte *kam, als die Türen verschlossen waren, trat in ihre Mitte,* damit er von allen gesehen werden konnte, *und sagte* zu ihnen: *Friede sei mit euch!* (Joh 20,26). Er trat in ihre Mitte und sagte: *Friede sei mit euch;* denn niemals kann Frieden in einer Gemeinschaft herrschen, wenn nicht in ihrer Mitte ein Vorsteher ist, der sich der einen Seite nicht mehr zuneigt als der anderen. ... [LXXVIII,1]

THOMAS BERÜHRT DIE WUNDEN AM LEIB CHRISTI. – *Dann sagte er zu Thomas,* als antworte er auf sein geäußertes Verlangen: *Reiche deinen Finger hierher und siehe meine Hände* (Joh 20,27), nicht daß er mit dem Finger sähe, sondern als würde er sagen: Berühre hier und prüfe. Daher wird an dieser Stelle *sehen* für fühlen und erkennen gesetzt, ein Sprachgebrauch, der nunmehr so allgemein üblich ist, daß er auf alle Sinne anwendbar scheint. So etwa wenn wir sagen: Höre und sieh, wie rein er singt; rieche und sieh, wie angenehm er duftet; taste und sieh, wie weich es ist; koste und sieh, wie süß es ist. Wie es im Buch Exodus heißt: *Das ganze Volk sah Stimmen* (Ex 15,14), das heißt, es hörte sie. Das Sehen wird daher um seiner Unfehlbarkeit willen auf jeden Sinn ausgedehnt. Daher haben sich, nach Augustinus, die anderen vier Sinne allgemein daran gewöhnt, mit dem Sehen gleichgesetzt zu werden, es wird allerdings manchmal auch für den Verstand gebraucht, etwa wenn zu jemandem gesagt wird: Siehst du das, das heißt, verstehst du's. Also kann man einfach sagen, daß Jesus auf die Worte des Thomas antwortet, womit er auch seine Gottheit kundtut, denn er wußte um seine Worte, obgleich er dem Leib nach nicht da gewesen war. Thomas, der sich nämlich mit zwei Sinnen, dem Sehen und dem Tasten, versichern wollte, *hatte zu den Jüngern gesagt: Wenn ich nicht die Male der Nägel an seinen Händen sehe und wenn ich meinen Finger nicht in die Male der Nägel und meine Hand nicht an seine Seite lege, glaube ich nicht* (Joh 20,25). Jesus *sagte* also *zu ihm,* gleichsam als Antwort darauf: *Reiche deinen Finger hierher,* in die Male, *und siehe meine* durchbohrten *Hände* und die Male der Nägel. Dann fuhr er fort: *Reiche deine Hand her und lege sie in meine* von der Lanze durchbohrte *Seite* und erkenne, daß ich derselbe bin, der am Kreuz hing. Groß muß die Wunde jener allerheiligsten Seite gewesen sein, in die er nicht nur den Finger, sondern die Hand legen sollte. Nach dem mystischen Schriftsinn wird durch den Finger die Einsicht, durch die Hand unser Tun bedeutet; Jesus fordert auf, Finger und Hand in die Male der Nägel und der Lanze zu legen, damit wir im Dienst Christi einsetzen, was immer an Einsicht und Tun in uns ist. Hierauf fuhr er fort: *Und sei nicht ungläubig,* das heißt, langsam im

Glauben, *sondern gläubig* (Joh 20,27), nämlich fest im Glauben, denn durch die Sünde des Unglaubens kreuzigst du mich wieder und wiederholst die Ursache meines Leidens. Das sagte Jesus, weil Thomas zu den Jüngern gesagt hatte, die ihm die Auferstehung Christi verkündeten, er werde sonst nicht glauben. Wie Thomas vor den anderen gezweifelt hatte, so wurde er auch vor den anderen aufgefordert, zu betasten und zu sehen. Dazu bemerkt Chrysostomus: »Wenn du aber einen ungläubigen Jünger siehst, denke an die Milde des Herrschers, wie er einer einzigen Seele seine Wunden offenbarte und herbeikam, um den einen zu retten. Er erschien Thomas nämlich nicht sofort, sondern erst nach acht Tagen, damit er, von den Jüngern ermahnt, zu größerem Verlangen angeregt und in Zukunft gläubiger werde.« Dann betastete *Thomas* die Wundmale des Herrn, und da er nicht allein im Herzen glaubte, sondern auch mit dem Mund bekannte, denn beides ist zum Heil erforderlich, *antwortete er ihm* mit einem lauten Ausruf: *Mein Herr und mein Gott* (Joh 20,28), das heißt: Du bist *mein Herr* gemäß deiner Menschheit, in der du mich durch dein Blut erlöst und freigekauft hast; *und* du bist *mein Gott,* gemäß deiner Gottheit, in der du mich erschaffen und aus Lehm geformt hast. Ich bezweifle nichts mehr; ich bin sicher, ich bestätige die Auferstehung und verkünde die Unsterblichkeit. Du bist *mein Herr* und mein Meister, dein *Knecht bin ich, der Sohn deiner Magd* (Ps 116,16); denn du bist *mein Gott,* der mich geschaffen und für mich Fleisch angenommen hat, das du dem Tod überliefert hast, um mich freizukaufen, das Fleisch, das jetzt vom Tod auferstanden ist, um auch mich vom Tod zu erwecken: Das ist mein Glaube, so empfinde und glaube ich. O glückseliger

Thomas, welch eine segensreiche Erlaubnis erhielt deine Hand! Ja, groß ist die Erlaubnis und groß die Gnade, die Hand in jene kostbare Seite zu legen, in jene heilbringende Seite, von der her wir, sage ich, vom Zorn befreit und von Schuld geheilt, in der Gnade wiedergeboren und in die Herrlichkeit erhoben werden. [LXXVIII,2]

DAS VERDIENST DES GLAUBENS. – Dieser Thomas, der wegen seines im Glauben zweifelnden Herzens *Didymus* [Zwilling] (Joh 20,24) genannt wurde – *didymus* ist griechisch, *geminus* lateinisch –, was treffend auch *abyssus* heißen kann, da er mit sicherem Glauben in die Tiefen der Gottheit eindrang. Wie sehr der Glaube belohnt wurde, zeigt sich deutlich in dem Zusatz: *Jesus sagte zu ihm,* indem er sein Bekenntnis seligpries: *Weil du mich gesehen hast, Thomas,* das heißt, weil du auch durch Tasten erfahren hast, deshalb *glaubst du. Selig sind, die nicht sehen und doch glauben* (Joh 20,29). In diesem Vers wird nicht nur der Glaube des Thomas gelobt, sondern es wird auch unser künftiges Heil vorausgesagt. Als sagte der Herr: Du bist zwar selig, weil du geglaubt hast, als du mich sahst, selig aber werden auch jene sein, die mich leibhaftig nicht sehen, im Geist aber doch glauben werden. ... Denn um uns zu trösten, fügte der Herr hinzu: *Selig sind, die nicht sehen und doch glauben.* Dazu erklärt Gregor: »Auch das, was folgt, erfüllt uns mit Freude: *Selig sind, die nicht sehen und doch glauben;* in diesem Satz sind besonders wir gemeint, da wir ihn, den wir leibhaftig nicht sehen, im Geist bekennen und unserem Glauben Werke folgen lassen; denn nur der glaubt wirklich, der handelnd ausführt, was er glaubt.« Von denen, die den Glauben nur dem Namen nach beibehalten, sagt Paulus: *Sie beteuern, Gott zu kennen, durch ihr Tun aber verleugnen sie ihn* (Tit 1,16). Und Jakobus: *So ist auch der Glaube für sich allein tot, wenn er nicht Werke vorzuweisen hat* (Jak 2,17). Wenn nämlich einer, wie Chrysostomus bemerkt, in bezug auf die damalige Zeit sagt: Hätte ich doch in jener Zeit gelebt und Christus Wunder wirken sehen!, dann soll er bedenken: *Selig sind, die nicht sehen und doch glauben.* – Es könnte auch sein, daß Jesus erst nach dem Bekenntnis des Thomas: *Mein Herr und mein Gott,* die Jünger anhauchte und sagte: *Empfangt den Heiligen Geist! Wem ihr die Sünden vergebt* usf. (Joh 20,22f.), selbst wenn der Evangelist das nicht sagt, denn *Jesus hat noch viele andere Zeichen getan, die in diesem Buch nicht aufgeschrieben sind* (Joh 20,30). Daher konnte er, der seine Macht nicht nur an die Sakramente gebunden hat, den Heiligen Geist ohne sichtbares Zeichen eingießen und auch Thomas die Macht der Sündenvergebung erteilen und den bischöflichen Stand verleihen. Denn man darf annehmen, daß er ihn, wie die anderen, zum Bischof geweiht hat. [LXXVIII,3]

16. WIE DER HERR SIEBEN JÜNGERN AM SEE VON TIBERIAS ERSCHIEN

DIE APOSTEL KEHREN ZUM FISCHFANG ZURÜCK. – *Danach,* als etwas Zeit verstrichen war, *offenbarte sich Jesus den Jüngern noch einmal. Es war am See von Tiberias.* Das heißt, er kam sichtbar, was man ja auch erscheinen nennt und was dasselbe ist wie sich zeigen. Doch nach Ambrosius erscheint das, was sich sehen oder nicht sehen lassen kann. Sieben Jünger fischten gleichzeitig in einer bestimmten Nacht, damit sie zu essen hätten, nämlich: *Simon Petrus, Thomas, genannt*

Didymus (Zwilling), Natanael aus Kana in Galiläa, von dem man annimmt, er sei der Bruder des Philippus gewesen, *die Söhne des Zebedäus,* Jakobus und Johannes, *und zwei andere* (Joh 21,1f.), deren Namen nicht genannt werden. ... Diese sieben Jünger mühten sich die ganze Nacht hindurch vergeblich und fingen keine Fische, weil ihnen der göttliche Beistand fehlte, was mit Nacht bezeichnet werden kann. Das aber geschah deshalb, damit der nachfolgende Fischfang eindeutig als ein wunderbarer erscheine. [LXXIX,1]

DIE ERSCHEINUNG DES HERRN UND DER WUNDERBARE FISCHFANG. – *Als es schon Morgen wurde,* womit die Herrlichkeit der Auferstehung ausgedrückt wird, erschien ihnen *Jesus* und *stand am Ufer* des Sees. Er erschien nicht auf dem Wasser, sondern auf festem Boden, um zu zeigen, daß er nicht länger mit ihnen in den Wassern des vergänglichen Lebens weilte, vielmehr in den Zustand des ewigen Lebens hinübergegangen war. *Doch die Jünger wußten nicht, daß es Jesus war* (Joh 21,4). Nach der Meinung des Chrysostomus offenbarte sich Jesus nicht sogleich, damit sie ihn an dem Wunder erkennen sollten, das er zu wirken vorhatte. Beachte, was sich hier ereignet, denn es ist überaus erhaben. Er fragte sie, wie wenn er Fische kaufen wollte, ob sie etwas zu essen hätten, also etwas, das gekocht und verzehrt werden konnte. ... Mit *etwas zu essen* bezeichnet er die Fische, die nach Chrysostomus schmackhaft und köstlich zu essen sind. Auf Menschenart sagt er hier, daß er etwas von ihnen erwerben möchte. Nach dem mystischen Schriftsinn verlangt der Herr zu seiner Stärkung etwas von uns zu essen, womit der Gehorsam den Aufträgen Gottes gegenüber gemeint ist, zu dem alle verpflichtet sind

und von dem er früher zu seinen Jüngern gesagt hatte: *Meine Speise ist es, den Willen dessen zu tun, der mich gesandt hat...* (Joh 4,34). *Sie antworteten ihm: Nein* (Joh 21,5); sie hielten ihn nämlich für einen Händler, der Fische kaufen wollte. Nachdem sie jedoch auf seinen Befehl hin das Netz auf der rechten Seite des Bootes ausgeworfen hatten, füllte es sich *und sie konnten es nicht wieder einholen, so voller Fische war es* (Joh 21,6). Weil sie gehorsam waren, erlangten sie die Frucht des Gehorsams. Mit den sieben Fischern, die hier genannt werden, wird die Gesamtheit der kirchlichen Verkünder bezeichnet, die ohne die Macht Christi nichts erreichen und ausrichten können, weil ohne seine innere Belehrung die Zunge des Predigers sich vergeblich müht. Am Morgen aber, als das Licht die Herzen erleuchtete, fingen sie, was zur Hauptsache von Christus selbst gewirkt wurde, eine überreiche Menge Fische; diese bedeuten die große Zahl der Gläubigen, die durch die Predigt der Apostel gewonnen werden, wie auch die große Zahl von Büßenden, die sich durch andere Prediger zum Guten hinwenden. ...
[LXXIX,2]

DER SCHARFBLICK DES JOHANNES, DER CHRISTUS ERKENNT UND DER EIFER, MIT DEM PETRUS SICH INS MEER WIRFT. – Als Johannes das geschehene Wunder bedacht hatte, erkannte er den Herrn, weil er das, was jener verheißen hatte, erfüllt sah, und er *sagte zu Petrus,* den er vor allen anderen auch deshalb liebte, weil er der Erste unter ihnen war: *Es ist der Herr!* (Joh 21,7), dem auch die Fische gehorchen. Denn *Herr* ist ein Ausdruck der Macht, und durch seine Macht offenbarte sich Jesus hier im Wunder mit den Fischen. Johannes erkannte Christus rascher als die anderen, der als Jungfräulicher reiner war als die anderen und scharfsichtiger in der Erkenntnis; denn die geistige und leibliche Jungfräulichkeit befähigen den Menschen am besten, Göttliches zu erkennen. Nach Beda erkannte er als erster den Herrn: entweder aufgrund dieses wunderbaren Fischfangs oder am Klang der vertrauten Stimme oder auch in Erinnerung an den ersten Fischfang. Petrus Cantor erklärt: »Durch Petrus wird das aktive und arbeitsame, durch Johannes das kontemplative und stille Leben bezeichnet. Die Kontemplation zeigt der Aktion Gott, den sie betrachtet. Wenn du am Tag in der Aktion gestanden bist, lasse dir wenigstens des Nachts von der Kontemplation sagen: *Es ist der Herr!,* damit du nicht durch Werke so zerstreut wirst, daß du ihn zuweilen nicht mehr beachtest.« *Als Simon Petrus hörte, daß es der Herr sei, gürtete er sich das Obergewand um,* um ihm mit größerer Ehrfurcht zu begegnen, weil *er nackt,* das heißt, zum Fischfang nur wenig bekleidet *war.* ... Und mit dem Ungestüm der Liebe *sprang er in den See* (Joh 21,7), um rascher zu dem zu kommen, den er als seinen geliebten Herrn wiedererkannt hatte. ... [LXXIX,3]

Das glückselige Mahl des Herrn mit den Jüngern. – Und indem Jesus ihnen mit seiner gewohnten Demut aufwartete, *nahm er das Brot und gab es ihnen;* doch erst nachdem er es gesegnet und gebrochen hatte, teilte er es aus, *ebenso den Fisch* (Joh 21,13), und aß mit ihnen. Er verteilte und gab es ihnen in derselben Weise, wie er es vor seinem Leiden gewohnt war, um so seine Auferstehung anzuzeigen. So weilten jene sieben Jünger voller Ehrfurcht und freudig bei ihrem Herrn, während sie mit ihm zusammen aßen. Sie betrachteten sein geliebtes und vertrautes Angesicht und frohlockten in ihren Herzen. Sie empfingen aus seinen heiligen Händen die so sehr begehrte Speise und wurden ebenso geistlich wie leiblich erquickt. O, was war das für ein Mahl! Betrachte gut die Einzelheiten, und wenn du an ihrem Mahl teilnehmen kannst, so tue es in Jubel und Freude. Bei diesem Mahl der geistlichen Kirche entfachte Christus glühende Kohlen der Liebe, die er vom Himmel auf die Erde brachte; denn er kam ja, um Feuer auf die Erde zu werfen und wollte, daß es brenne. Ebenso bereitete er den Fisch auf den glühenden Kohlen; dieser Fisch war Christus selbst, der auf glühende Kohlen gelegt wurde, als er im Feuer seiner Liebe für uns am Kreuz dahingeopfert wurde. Desgleichen bereitete er das Brot, durch das wir gestärkt werden: nämlich sich selbst. Denn er selbst nährt uns mit seiner Lehre und auch indem er uns seinen Leib zur Speise gibt. Der Herr reichte den Jüngern auch den Fisch, um darauf hinzuweisen, daß er in seiner Passion nachgeahmt werden solle, und mit dem Fisch das Brot, weil er nach dem Erdulden des Leidens die Freuden der ewigen Gemeinschaft versprach. ... [LXXIX,5]

WARUM VON PETRUS EIN DREIFACHES BEKENNTNIS GEFORDERT WIRD. – Der Herr fragte dreimal [*Simon, Sohn des Johannes, liebst du mich mehr als diese?* Joh 21,15ff.], nicht etwa, weil er nicht wußte, welche Liebe Petrus im Geiste für ihn hegte, sondern damit das dreifache Bekenntnis der Liebe die dreifache Verleugnung tilge, die er aus Furcht beging. Dreimal leugnete die Furcht, dreimal bekannte die Liebe. Dazu erklärt Augustinus: »Der dreifachen Verleugnung wird ein dreifaches Bekenntnis gegenübergestellt, damit die Zunge nicht weniger der Liebe diene als der Furcht und der drohende Tod der Stimme nicht mehr Worte zu entlocken scheine als das anwesende Leben.« Und nach Ansicht des Ambrosius fragte er nicht, um zu erfahren, sondern um den zu lehren, den er bei seiner Himmelfahrt als Stellvertreter seiner Liebe zurückließ. Der Herr will seine Lämmer oder Schafe, die er selbst sosehr liebte, daß er um ihretwillen zu sterben bereit war, nur demjenigen übergeben, der ihn liebt. Deshalb fragte er zuerst den Hirten der Kirche, ob er ihn liebe, und übergab ihm danach seine Lämmer und Schafe zur Weide. So wie es ein Zeichen der Furcht war, den Hirten zu verleugnen, so ist es das Amt der Liebe, die Herde des Herrn zu weiden. Chrysostomus sagt: »Wenn du mich liebst, sagte der Herr, so stehe den Brüdern vor und zeige nun die glühende Liebe, die du bekannt hast. Gib das Leben, von dem du gesagt hast, du wollest es für mich hingeben, für meine Schafe hin, und zeige so, wie hoch das Amt der Sorge für die eigenen Schafe eingeschätzt wird, denn dies ist das höchste Zeichen der Liebe bei dem, der es hat.« Dazu äußert sich auch Gregor: »Wenn nämlich die Sorge für die Schafe das Zeichen der Liebe ist, so ist erwiesen, daß jener, der die Vollmacht hat und die Herde des Herrn nachlässig weidet, den höchsten Hirten nicht liebt.« Und auch Augustinus: »Was heißt: *Liebst du mich? Weide meine Schafe!* (Joh 21,17), wenn nicht: Wenn du mich liebst, sei darauf bedacht, nicht dich, sondern meine Schafe zu weiden, und weide sie wie die meinen, nicht wie die deinen; suche in ihnen meine, nicht deine Herrlichkeit; bedenke meinen, nicht deinen Schaden, meinen, nicht deinen Lohn.« ... [LXXIX,9]

17. WIE DER HERR DEN ELF JÜNGERN IN GALILÄA ERSCHIEN, EBENSO FÜNFHUNDERT BRÜDERN

DIE ERSTE ERSCHEINUNG CHRISTI AUF DEM BERG GALILÄA. – Danach *gingen die elf Jünger* dem Auftrag Christi und des Engels gemäß *nach Galiläa auf den Berg* an den Ort, *den Jesus ihnen* ursprünglich *genannt hatte* (Mt 28,16), denn er hatte vor, sich ihnen dort zu zeigen. Dazu erklärt Beda: »Denn als der Herr sich zu leiden aufmachte, sagte er zu den Jüngern: *Nach meiner Auferstehung werde ich euch nach Galiläa vorausgehen* (Mt 26,32). Auch der Engel sagte zu den Frauen: *Er geht euch voraus nach Galiläa* (Mt 28,7). Deshalb gehorchten die Jünger dem Gebot des Meisters.« Obgleich sich auch die erwähnte Erscheinung am See von Tiberias in Galiläa, wo dieser See liegt, ereignet hatte, so war jene doch nicht die bedeutendste, da nur wenige, nämlich sieben Jünger, anwesend waren; wichtiger war diese, bei der alle versammelt waren. Und man muß wissen, daß in der Nähe des Ölbergs, eine Meile in nördlicher Richtung, ein Berg liegt, der Galiläa heißt, ... zu dem die elf Jünger hingingen, nicht weil er in Galiläa lag – denn er liegt in Judäa –, sondern weil dieser Berg Galiläa hieß. Andere, ja weit mehr, sagen, es handle sich um den Berg Tabor, auf dem der Herr verklärt wurde und der tatsächlich in Galiläa liegt. Dort hatte er nur wenigen, nämlich drei Jüngern, die Herrlichkeit seiner künftigen Auferstehung gezeigt, nun aber offenbarte er allen seinen Jüngern die vollbrachte Auferstehung. Daher hält man es für wahrscheinlich, daß dort, außer den besagten elf Jüngern, auch die fünfhundert Brüder anwesend waren, es sich somit um die Erscheinung handelt, von welcher der Apostel an die Korinther schrieb: *Danach erschien er mehr als fünfhundert Brüdern zugleich* (1 Kor 15,6). Hier aber werden nur die elf Apostel erwähnt, weil sie die ersten Jünger Christi waren. Dazu erläutert Eusebius: »Zwei Evangelisten, nämlich Lukas und Johannes, schreiben, daß Christus den Elfen nur in Jerusalem erschien. Die anderen beiden Evangelisten schreiben aber, die Jünger seien nach Galiläa geeilt: Sie berichten, nicht nur die Elf, sondern sämtliche Jünger und Brüder hätten den Engel und den Erlöser gesehen.« ... Denn dort erschien ihnen der Herr auf dem Berg, weil jene ihn später einmal in der Erhabenheit der Himmel zu sehen verdienen, die hier unten zur Höhe der Vollkommenheit gelangen und ihre Begierde nach irdischen Dingen mit Füßen treten. ... [LXXX,1]

DIE CHRISTUS ALS DEM MENSCHENSOHN VERLIEHENE MACHT. – *Als sie,* die Jünger, den Herrn lebend *sahen, fielen sie* bei seinem Herantreten in verehrender Anbetung *vor ihm nieder* (Mt 28,17) und demütigten sich vor ihm, glaubten an ihn als Herr und Gott und daß er als unsterblicher Mensch auferstanden war. ... *Da trat Jesus auf sie zu ... und sagte zu ihnen: Mir ist alle Macht gegeben im Himmel und auf der Erde* (Mt 28,18), die Christus als Gott von Ewigkeit her gebührt und die er als Mensch vom Augenblick der Empfängnis an im Himmel und auf Erden besaß. Diese Macht übte er jedoch vor seiner Auferstehung nicht aus, sondern wollte um unserer Erlösung willen dem Leiden und dem Tod unterworfen bleiben. Dies aber wird von seiner Menschheit gesagt, in der er *nur für kurze Zeit unter die Engel erniedrigt war* (Heb 2,9), nicht aber von seiner Gottheit, durch die er am Vater teilhat und ihm gleich ist. Denn in Gott ist der Vater oder der Sohn oder der Heilige Geist ebensosehr Gott wie der Vater und der Sohn und der Heilige Geist. Dazu erklärt Augustinus: »Die ganze Trinität ist ebensosehr im Vater allein oder im Sohn allein oder im Heiligen Geist allein, wie sie im Vater, im Sohn und im Heiligen Geist gemeinsam ist.« ... [LXXX,2]

Er sendet die Apostel, um den Völkern zu predigen und die Taufe zu spenden. – Diese ihm verliehene Macht wies die Sünder nicht ab, sondern sammelte sie alle ohne Ansehen der Person. Daher fügte er nach der Einsetzung der Taufe folgerichtig hinzu: *Darum geht* in die ganze Welt und *lehrt allen Völkern* den Glauben, allen Menschen also ohne Ansehen der Person. Aus diesen Worten wird ersichtlich, daß die Prediger des Evangeliums allen, den Großen wie den Kleinen, ohne Ausnahme predigen sollen. *Darum geht* richtet sich somit gegen die Gleichgültigen, die nicht gehen wollen, *und lehrt* richtet sich gegen die Unwissenden, die nicht lehren können, sich aber dennoch ein Amt anmaßen; *allen Völkern* richtet sich gegen jene, die auf das Ansehen Rücksicht nehmen und nur zu irgendwelchen bedeutenden Leuten gehen. *Tauft sie* (Mt 28,19), denn *wenn jemand nicht aus Wasser und Geist geboren wird, kann er nicht in das Reich Gottes kommen* (Joh 3,5). *Tauft sie,* aufgrund der Wesenseinheit der Personen *im Namen des Vaters und des Sohnes und des Heiligen Geistes* (Mt 28,19), und aufgrund der Unterscheidung der Personen, auf daß, da ihre Gottheit eine einzige ist, auch die Gabe eine einzige sei. Es heißt nicht, auf die Namen des Vaters und des Sohnes und des Heiligen Geistes, sondern *auf den Namen,* damit deutlich werde, daß die Dreieinigkeit unteilbar und Gott ein einziger ist. Dies ist die Form der Taufe, die von Christus eingesetzt, aber nach der Eingebung des Heiligen Geistes in der Urkirche etwas geändert worden ist, als die Apostel auf den Namen Christi tauften, damit dieser Name, der noch verhaßt war, in der Welt bekannt gemacht und verherrlicht werde. Und der Herr fügte hinzu: *Lehrt sie* in der Tat und mit Beharrlichkeit, *alles zu befolgen, was ich euch geboten* und gesagt *habe* (Mt 28,20); dies bezieht sich auf die von Christus eingesetzten Sakramente und das ganze katholische Glaubensbekenntnis, wie auch auf die Anweisungen zur Gottes- und Nächstenliebe. ... [LXXX,3]

18. DIE HIMMELFAHRT UNSERES HERRN JESUS CHRISTUS

DEN APOSTELN WIRD DER HEILIGE GEIST VERHEISSEN. – [... In der Apostelgeschichte steht:] *Beim gemeinsamen Mahl* mit den Jüngern *gebot Jesus ihnen: Geht nicht weg von Jerusalem, sondern wartet auf die Verheißung des Vaters* (Apg 1,4). Als sagte er: Hier und jetzt seid ihr nicht fähig, die Wahrheit des Evangeliums standhaft zu verkünden, bis ihr nicht durch die Gabe des Heiligen Geistes gestärkt seid, um dann unerschrocken vor Könige und Statthalter zu treten. Dazu sagt Chrysostomus: »Wie niemand Soldaten zur Eroberung eines großen Landes ausziehen läßt, bevor sie bewaffnet sind, so gestattete auch der Herr den Jüngern nicht, vor der Herabkunft des Heiligen Geistes zum Kampf auszuziehen. Weshalb kam aber der Geist nicht, als Christus noch bei ihnen war, oder unmittelbar nach seinem Weggang? Sie sollten mit Sehnsucht nach ihm erfüllt werden, und dann die Gnade empfangen; denn wir wenden uns Gott stärker zu, wenn wir in Not sind. Ferner sagte er: *bis ihr mit der Kraft aus der Höhe erfüllt werdet* (Lk 24,49); wann dies geschehen sollte, gab er nicht an, damit sie ohne Unterlaß wachsam seien. Was wunderst du dich deshalb, wenn er den Jüngsten Tag nicht kundgetan hat, wenn er schon diesen nahen Tag nicht kundtun wollte?« ... [LXXXII,5]

Der Herr fuhr aus eigener Kraft empor, ohne fremde Hilfe. – Der Herr fuhr, zum Trost der Mutter und der Jünger, wahrnehmbar und aus eigener Kraft in den Himmel empor, damit sie ihn lange sehen konnten. Dann aber *nahm ihn eine* leuchtende und schneeweiße *Wolke auf und entzog ihn ihren* irdischen *Blicken* (Apg 1,9), da er, von der Helligkeit der Wolke umstrahlt, nicht mehr zu sehen war. So daß jene, die Christus dem Fleisch nach gekannt hatten, ihn nicht länger so kennen können. Bis zu den Wolken erhob er sich in der Gestalt, die er vor seinem Leiden hatte; in den Wolken aber wurde er in jene Gestalt aufgenommen, in der er auf dem Berg erschienen war. Er fuhr gleichsam in der Feuerkugel einer ihn tragenden Wolke hinauf, wurde aber nicht von ihr emporgehoben, als hätte er den Dienst der Engel oder einer Wolke nötig gehabt, um in den Himmel aufzufahren, sondern er stieg aus eigener Kraft empor. Gleichsam in einer Verhüllung, damit er den Blicken der Sterblichen nicht mehr sichtbar sei, und um so zu zeigen, wie alle Kreatur bereit ist, ihrem Schöpfer zu gehorchen: die Wolke, die ihn den Blicken der Zuschauer entzog und den anwesenden Engel offenbarte, daß sowohl die materielle wie die geistige Welt Christus untertan ist. Und in einem Augenblick war er zusammen mit allen Engeln und heiligen Vätern in der Heimat der himmlischen Glückseligkeit; Christus fuhr also empor, und indem er durch die Wolke hindurch in den Himmel gelangte, wurde er in den ätherischen oder empyreischen Himmel aufgenommen; nicht durch fremde Kraft, sondern in der eigenen: einmal auf Grund seiner Gottheit, die alles vermag, dann auf Grund seiner verklärten Menschheit mit der Gabe, sich frei im Raum zu bewegen, wie es einem solchen Leib eignet. Es wird nicht berichtet, er sei von einem Wagen oder von Engeln emporgetragen worden, weil er, der alles geschaffen hatte, sich über alles aus eigener Kraft erheben konnte. Henoch ist von Engeln hinübergetragen und Elija mit dem Wagen in den Lufthimmel versetzt worden, nicht aus eigener Kraft, weil sie Menschen waren, die fremder Kraft bedurften, denn ihre Leiber waren noch nicht verherrlicht. – Es standen da aber die Mutter, die Jünger, Magdalena und andere, die dem in den Himmel Entschwindenden nachschauten, solange er für ihre Augen sichtbar blieb. Dazu sagt Ambrosius: »Die seligen Apostel standen mit gerecktem Leib und verfolgten mit ihren Blicken, weil sie nicht mitgehen konnten, wie der Herr zum Himmel aufstieg. Und wenn auch das menschliche Auge beim Verfolgen des Erlösers versagt, so versagt doch die Glaubenshingabe nicht. Bis zur Wolke geleiten sie Christus mit ihrem Blick, bis in den Himmel sind sie mit Christus durch ihre gläubige Hingabe verbunden. Dazu bemerkt der Apostel, der weiß, daß unser Glaube mit dem Herrn im Himmel ist: *Unsere Heimat aber ist im Himmel* (Phil 3,20)«. O welch ein Glück, den Herrn so glorreich in den Himmel auffahren zu sehen. Und hätte jemand jene seligen Geister und heiligen Seelen, die mit ihm zusammen auffuhren, hören und sehen können, so hätte seine Seele vermutlich vor Freude den Leib verlassen und wäre auch mit ihnen aufgefahren. [LXXXII,11]

Die Erscheinung der Engel, die verkünden, dass Christus in Menschengestalt zum Gericht kommen wird. – *Während* der Herr schon ihren Blicken und Augen entschwunden war und *sie* gleichwohl noch immer mit nach oben gerichtetem Gesicht *zum Himmel emporschauten, standen bei ihnen zwei* Engel in menschlicher Gestalt *in schneeweißen Gewändern*, damit der Freudentag auch durch ihre Kleidung angezeigt werde, *und sagten: Ihr Männer von Galiläa, was steht ihr da und schaut zum Himmel empor?* (Apg 1,10f.). Galiläa war die Heimat der Apostel, deshalb wurden sie auch *Männer von Galiläa* genannt. Als sagten die Engel: Ihr steht da und schaut zum Himmel empor, als hättet ihr vergessen, was ihr tun sollt. Geht in die Stadt zurück und wartet auf *die Verheißung des Vaters* (Apg 1,4), wie euch gesagt worden ist. Geht zurück und erwartet nicht, daß Jesus sogleich wiederkehrt; am Ende der Zeiten aber *wird er ebenso wiederkommen, wie ihr ihn habt zum Himmel hingehen sehen* (Apg 1,11). Also wie ihr ihn auf den Wolken in den Himmel auffahren saht, so werdet ihr ihn auf Wolken in der Luft zum Gericht herabsteigen sehen. *Wie ihr ihn habt zum Himmel hingehen sehen,* in Menschengestalt, die man mit leiblichen Augen wahrnehmen und sehen kann, wie sie sich von Ort zu Ort bewegt, *so wird er* in derselben Gestalt und im Fleisch zum Gericht *wiederkommen.* Weil er in seiner menschlichen Gestalt gerichtet worden ist, wird er in ebensolcher Gestalt kommen, um die Welt zu richten. Und wenn er auch in menschlicher, dem Leiden unterworfener Gestalt gerichtet wurde, so wird er nach seiner Himmelfahrt in verherrlichter menschlicher Gestalt, die nicht mehr dem Leiden unterworfen ist, kommen, um zu richten. Dazu sagt Augustinus: »*Er wird ebenso wiederkommen, wie ihr ihn habt zum Himmel hingehen sehen;* das heißt, in der menschlichen Gestalt, in der er gerichtet worden ist, wird er richten, damit auch jenes prophetische Wort erfüllt werde: *Sie werden auf den schauen, den sie durchbohrt haben* (Sach 12,10).« Und nochmals: »Wenn wir also glauben, daß er wiederkommen wird, müssen wir ihn erwarten, damit uns sein Kommen nicht überrascht, so wie Verbrecher, die von ihrer Strafe ereilt werden. Denn die Züchtigung durch die gegenwärtigen Dinge enthält das Bild der künftigen. Also müssen wir uns hüten, damit nicht künftige Strenge uns verurteile, falls wir in der Gegenwart nicht mit der Rute gezüchtigt werden.« [LXXXII,12]